Pamela SHEPPARD • Bénédicte LAPEYRE

MEETINGS IN FRENCH AND ENGLISH

TENIR UNE RÉUNION EN ANGLAIS COMME EN FRANÇAIS

nb

NICHOLAS BREALEY
PUBLISHING
LONDON

First published by
Nicholas Brealey Publishing Limited in 1993
156 Cloudesley Road
London N1 0EA

© **Business Across Borders** Series, Nicholas Brealey Publishing 1993
© Introduction, John Mole 1993 (translated by Christine Penman)
© Text, Les Editions d'Organisation 1991
   26 avenue Emile Zola. 75015 Paris

ISBN 1 85788 0161

This Nicholas Brealey edition is an adaptation of the works published by
Les Editions d'Organisation under the titles:
Conduire une réunion en anglais comme en français
Intervenir dans une réunion en anglais comme en français

British Library Cataloguing in Publication Data
A catalogue record for this book is available from the British Library

Typeset by August Filmsetting, Haydock, St Helens
Printed and bound in Finland by Werner Söderström Oy

BUSINESS ACROSS BORDERS

MEETINGS
in French and English
Pamela Sheppard and Bénédicte Lapeyre
Introduction by John Mole

NEGOTIATE
in French and English
Pamela Sheppard and Bénédicte Lapeyre
Introduction by John Mole

Contents

Sommaire

BOOK II:

LIVRE II:

Preface

One of the most demanding professional tasks is conducting a meeting well, or presenting your case effectively in a meeting. So many skills are required : clarity of thought, organization, leadership, inter-personal and communication skills.

To compound the difficulty, there are many different types of meetings, both formal and informal, large and small, ranging from symposiums and conferences, high-level negotiations, round table discussions, brainstorming and information meetings down to the more mundane weekly departmental meeting and, finally, one-to-one meetings with clients, or colleagues.

Each type of meeting requires its own style of leadership, its own type of presentation, a different way of dealing with people and therefore each one has its own specific language.

This self-instructional book endeavours to help you to perform better and will ensure that you are never at a loss for words whatever type of meeting you are conducting.

Préface

Une des tâches professionnelles les plus difficiles est de savoir diriger et d'intervenir correctement dans une réunion. Il faut beaucoup de compétences: précision, organisation, autorité, sens de la communication.

Pour accroître la difficulté, il existe de nombreux types de réunions, formelles et informelles, grandes et petites, depuis les symposiums et les conférences, les négociations de haut niveau, les discussions autour d'une table, les « brainstormings » * et les réunions d'information, jusqu'aux simples réunions de service hebdomadaires et pour finir les tête-à-tête avec les clients ou les collègues.

Chaque type de réunion demande son propre style de gestion, de présentation, une approche différente avec les personnes et donc, son langage spécifique.

Ce livre d'auto-apprentissage essaie de vous aider à mieux vous acquitter de cette tâche et de vous permettre de trouver les mots dans les réunions que vous conduisez, quelles qu'elles soient.

---

*Il n'existe aucun équivalent satisfaisant de cette expression en français.

Introduction

VIVE LE STEREOTYPE

Most of us carry around in our heads stereotypes of other nationalities. Rooted in long-standing familiarity and rivalry born of geographical proximity and shared history they are reinforced by caricatures. Never mind that many of the images are long out of date – when outside a cartoon did you last see a Frenchman in a beret with a loaf under his arm or an Englishman in a bowler hat? You only have to read French and British accounts of the same rugby match or the headline grabbing remarks made by politicians to see that like it or not, stereotypes are alive and well and play a very real part in the way we think about and deal with foreigners.

Stereotypes are fixed and perpetuated in the very language we speak. It is instructive to look up the word 'French ' in an English dictionary and 'anglais' in a French dictionary, or better still a slang dictionary. Some phrases respectfully acknowledge inventions, such as 'anglaiser' – to nick the base of a horse's tail so he carries it higher – and 'French polish'. Some are reciprocal – for example the equivalent of 'take French leave' is 'filer à l'anglaise'. Slang for a condom attributes the device to the French in English, and to the English in French. Less tasteful images – for example other meanings of 'anglaiser' – associate the French with pleasure and sex and the English with violence and perversion. If you want examples you may look them up for yourself, for example in Harrap's English-French-English dictionary of slang. Suffice it to say that since the middle ages the British associate the French with making love, the French associate the British with making war.

Introduction

VIVE LES STEREOTYPES

La plupart d'entre nous avons en tête des stéréotypes sur les autres nationalités. Encouragés par un familiarité et une rivalité prolongées, dues à leur tour au rapprochement géographique et à une histoire en partie commune, ces stéréotypes sont renforcés par les caricatures. Peu importe que nombre de ces images soient depuis longtemps dépassées: quand, le contexte d'une bande dessinée mis à part, avez-vous vu pour la dernière fois un français portant un béret, la baguette de pain sous le bras ou un Anglais arborant un chapeau melon? Il suffit de compulser des reportages français et britanniques sur un même match de rugby ou de lire les remarques à l'emporte-pièce de certains politiciens pour réaliser que ces stéréotypes sont bel et bien là qu'on le veuille ou non. Il est d'ailleurs indubitable qu'ils jouent un rôle dans la façon dont nous percevons et traitons les étrangers.

Ces stéréotypes sont figés et véhiculés par la langue que nous parlons. Il est intéressant de regarder le mot 'French' dans un diction-naire d'anglais et le mot 'anglais' dans un dictionnaire de français, ou encore mieux de se référer à un dictionnaire d'argot. Certaines expressions reconnaissent consciencieusement le pays d'origine d'une invention, telles que les expressions 'anglaiser' et 'French polish' (qui renvoie à un procédé de vernissage à l'alcool). D'autres expressions ont des références réciproques telles que par exemple, 'filer à l'an-glaise' qui a pour équivalent 'take a French leave'. L'expression argo-tique pour un préservatif attribue cette découverte aux français en anglais et aux anglais en français. Certaines images moins savoureu-ses, par exemple d'autres sens du mot 'anglaiser', associent les fran-çais aux plaisirs de la chair et les anglais à la violence et à la perversion. Si vous désirez d'autres exemples, vous pourrez en trou-ver vous-même, par exemple en consultant le dictionnaire d'argot anglais-français de Harrap's. Il suffit ici de mentionner que depuis le Moyen-Age les britanniques associent les français aux ébats sexuels et qu'en retour les français associent les britanniques à la guerre.

VALUES

The stereotypes are based not only on history and experience but in real and fundamental differences in values. It is pointless and misleading to brush them off with the argument that we are really all the same underneath. The sooner we can take those differences seriously the sooner we can learn to work together. A recent article in 'Le Monde' (17 March 1992) looked with incredulity at the British custom of publishing the wills of the rich and famous in newspapers. The first source of astonishment was that the amounts should be made public. The personal affairs of individuals, alive or dead, are kept much more secret in France. The second, and even more astonishing, was that people were at liberty to leave their money to whomever they liked, even to animals. In France money is kept by law in the family whatever the testator wishes. 'Ils sont fous, ces grands-bretons' was the conclusion. While the article was meant to entertain it also pointed to very different attitudes to privacy and family, reinforced by law and custom.

SELF IMAGE

Even more revealing are the images that people have of themselves. They reflect in a more positive way the different values that are held by each society. Ask a group of French people why they are proud to be French and gastronomy, fashion, the perfume industry and literature come high on the list. The British equivalents are scientific achievements and the invention of competitive sports like soccer but they come lower down the list in favour of the monarchy, the legal system and the military. Belgians are proud of their internationalism, Americans of economic and business achievement. Asked what they have contributed to the world the British tend to emphasise the institutions of Empire – railways and parliamentary democracy – the French more abstract terms of culture and political theory, Americans the ideology of freedom and democracy.

VALEURS

Ces stéréotypes sont fondés non seulement sur des données historiques et sur l'expérience mais aussi sur des différences fondamentales au niveau des valeurs reconnues. Il serait inutile et erroné d'essayer de les écarter en déclarant qu'au bout du compte nous sommes tous les mêmes. Ce n'est qu'en considérant sérieusement ces différences que nous apprendrons à travailler ensemble. Un article paru le 17 mars 1992 dans 'Le Monde' expose avec incrédulité la coutume britannique qui consiste à publier dans la presse les testaments de personalités riches et célèbres. Le premier motif de surprise était que les sommes en cause fussent rendues publiques. Les affaires des particuliers, que ceux-ci soient vivants ou défunts, sont en France davantage entourées par le secret. Le deuxième facteur, qui provoqua encore plus d'étonnement, était que les gens puissent laisser leur argent à qui bon leur semble, animaux y compris. En France l'argent reste juridiquement dans la famille, quelles que soient les volontés du défunt. L'article concluait: 'Ils sont focus, ces grands-betons'. Il avait certes pour but d'amuser mais traduisait également différentes attitudes vis-à-vis de la vie privée et de la famille, ces attitudes étant ancrées par le droit juridique et par l'usage.

L'IMAGE DE SOI

L'image que les gens ont d'eux-mêmes est encore plus révélatrice. Elle reflète de façon plus positive les différentes valeurs chéries par chaque société. Si vous demandez à un groupe de français pourquoi ils sont fiers d'être français, la gastronomie, la mode, l'industrie du parfum et la littérature figurent en bonne place. Les équivalents britanniques sont les réussites dans le domaine de la science et l'invention de sports compétitifs tels que le football mais ces derniers cèdent tout d'abord la place à la monarchie, au système juridique et à l'armée. Les belges sont fiers de leur internationalisme, les américains de leurs réussites dans le domaine économique et commercial. Lorsqu'on leur demande de faire état de leurs contributions sur le plan mondial, les britanniques ont tendance à mettre en avant les institutions qui datent de l'Empire (les chemins de fer et la démocratie parlementaire), les français parlent davantage de culture et de théorie politique, les américains de l'idéologie de la liberté et de la démocratie.

How is this relevant to working together on a day-to-day basis? We may share similar goals with our business partners – create healthy business relationships, do business and make a profit – but this does not mean we have common ways of achieving them. Different values and different ways of thinking about ourselves create different ways in which people work together. They range from what you wear to work and how to greet your colleagues first thing in the morning to fundamental elements of working life such as the role of the boss, how meetings are conducted, how decisions are made and so on.

It is tempting to dismiss the differences as superficial. Likewise it is easy to ignore what we have in common with the each other, for the simple reason that we only notice the differences. Both strategies can lead to serious misunderstanding and, more important, fail to capitalise on the unique qualities that each side brings to the table. It is not possible in this short introduction to give a full account of all the differences between Anglo-Saxon and Gallic corporate cultures. The first reason is that many of them may not be an impediment to effective collaboration. The second reason is the danger of replacing one set of stereotypes with another. What follows is not an identikit but a pointer to the areas which most often present problems when French speakers and English speakers work together.

Quelle est l'incidence de ces images sur les rapports de travail quotidiens? Nous avons certes des buts similaires à ceux de nos partenaires commerciaux: établir des relations commerciales saines, faire des affaires et réaliser un bénéfice. Cela ne signifie par pour autant que nous atteignions ces buts de la même manière. Le fait que nous ayons différentes valeurs et une perception différente de nous-mêmes entraîne différentes conceptions du travail en groupe. Ces dissimilitudes vont de la façon dont on s'habille pour se rendre au travail à la manière dont on salue un collègue le matin, en passant par des éléments clés de la vie active tels que le rôle du patron, la façon dont se déroulent les réunions, dont les décisions sont prises et ainsi de suite.

Il est fort tentant de reléguer ces différences au rang de détails superficiels. Il est de même aisé de ne pas faire cas de ce que nous avons en commun, pour la simple raison que nous ne remarquons que ce qui nous sépare. Ces deux approches peuvent engendrer de graves malentendus et, qui plus est, masquent les qualités uniques apportées de part et d'autre à la table de négociation. Il n'est pas possible dans cette brève introduction de faire état de toutes les différences qui séparent les milieux d'entreprise anglo-saxon et français. La raison majeure est que beaucoup de ces différences ne font pas nécessairement obstacle à une collaboration efficace. La deuxième raison est qu'il y aurait alors danger de remplacer certains stéréotypes par de nouveaux préjugés. Le but n'est pas d'esquisser un portrait-robot de la situation mais de vous guider dans certains domaines qui présentent des problèmes lorsque des anglophones et des francophones travaillent ensemble.

FIRST ENCOUNTERS

Differences in behaviour begin on the superficial level of etiquette. It is commonplace that the French shake hands more often than Anglo-Saxons. But it is not only when you do it but how that can vary. North Americans are taught to look the other person in the eye and use a firm grip, avoiding the limp fish syndrome. In the south of France the arm squeeze with the left hand is common or the so-called 'radical handshake' in which you grasp the other person's hand with both of yours, a vestigial Mediterranean embrace. Is the difference important? A relationship that stands or falls on how often you shake hands is probably not worth much to begin with. But the cumulative effect of all these manners and mannerisms can build up into a basic antipathy which makes it just that little bit more difficult to achieve a good working relationship.

In real life the English versions of the dialogues that follow would most likely use first names and the French versions last names. In most Anglo-Saxon organisations one gets rapidly on the first name terms, even with outsiders who have only just been introduced. In general French speakers at all levels of the organisation are treated with more formality and distance than their British counterparts. Colleagues of many years still call each other by title and last name, especially if there is any difference in their status. If a secretary and her boss are on first name terms it may imply a more than professional relationship. (There are of course exceptions depending on generation and seniority and industry and size of company.) Anglo-Saxons should not be put off by formality and the Francophones by overfamiliarity when dealing with each other.

PREMIERES RENCONTRES

Les différences de comportement se manifestent tout d'abord au niveau superficiel de l'étiquette. Il est bien connu que les français serrent la main plus souvent que les anglo-saxons. Toutefois il ne s'agit pas uniquement de savoir quand serrer la main: il faut savoir comment le faire. On apprend aux américains à regarder l'autre personne droit dans les yeux et à avoir une poignée franche afin d'éviter le syndrome de la main molle. Dans le sud de la France, il est courant de serrer le bras de la main gauche ou de serrer des deux mains la main de l'autre personne dans un geste dit 'poignée radicale', vestige de l'accolade méditerranéenne. Ces différences sont-elles importantes? Une relation commerciale qui devrait sa réussite ou son échec à la fréquence avec laquelle vous serrez la main de votre partenaire n'aurait probablement pas beaucoup de crédibilité. Cependant c'est l'effet cumulé de tous ces comportements particuliers et façons de faire qui peuvent à la longue jeter un froid, ce qui ne facilite pas une bonne relation commerciale.

Dans la vie de tous les jours, la version anglaise des dialogues qui suivent utiliserait selon toute probabilité les prénoms tandis que la version française se limiterait aux noms de famille. Dans la plupart des organismes anglo-saxons on utilise très rapidement les prénoms, même ceux de personnes étrangères à l'organisme pour qui les présentations viennent juste d'être faites. En règle générale les francophones sont traités de manière plus formelle et avec plus de distance, quelle que soit leur position hiérarchique. Des collègues de longue date s'appellent toujours par leur nom de famille et par leur titre. surtout s'ils ne sont pas au même niveau hiérarchique. Si une secrétaire et son patron s'appellent par leurs prénoms, il peut être inféré que leur relation n'est pas purement professionnelle. (Il y a bien sûr des exceptions à cela selon l'écart des générations, l'ancienneté, le secteur d'industrie et la taille de l'entreprise). Les anglo-saxons ne devraient pas se sentir gênés par un certain degré de formalité ni les francophones par une familiarité qui peut leur paraître excessive dans leurs rapports mutuels.

This is more than a convention. It reflects different ideas of personal relationships within an organisation and the relationship between individuals and the organisation to which they belong. In Anglo-Saxon countries personal commitment and loyalty to the organisation tend to be stronger and interpersonal relationships more intimate. It is acceptable to make business calls to a colleague's home and people socialise more after hours and at weekends than in continental Europe where there is a greater sense of privacy and a sharper distinction between business and personal life. There has to be a very good reason to make a business call to someone at home.

If you are in the middle of a negotiation and it is lunchtime, the English speakers may suggest sandwiches and coffee round the table while everyone gets on with the business. This is an indication that they are taking it seriously. Breaking off to go to a restaurant may be seen as an unnecessary interruption. But for the French speakers the signals are opposite. Food and wine figure much higher in the value system than among most Anglo-Saxons. Going to a good restaurant is an indication of seriousness as well as an opportunity to take the negotiation further.

Wining and dining together are more important the further south one goes in Europe, not because Mediterraneans are more sybaritic but because of different concepts about the role of personal relationships within a business relationship. In Britain and even more so in North America business relationship is seen as independent from a personal relationship. It is possible to walk into the office of a complete stranger with a proposal and begin to talk business.

Il ne s'agit pas là uniquement de conventions. On voit reflétés dans ces comportements différents points de vue sur les relations personnelles au sein d'une organisation et sur les liens qu'entretiennent les individus entre eux ainsi qu'avec l'organisme auxquels ils appartiennent. Dans les pays anglo-saxons les notions d'engagement personnel et de loyauté envers l'entreprise ont tendance à être plus importantes et les relations interpersonnelles plus intimes. Il est tout à fait convenable d'appeller un collègue de travail chez lui et les gens se retrouvent davantage en dehors des heures de travail et le week-end que dans le reste de l'Europe où la vie privée est davantage préservée et où la distinction entre affaires et vie privée est plus nette. Il faut dans ce cas avoir une raison très valable pour appeler quelqu'un chez lui pour parler affaires.

Si vous êtes en pleine négociation à l'heure du déjeuner, il est possible que les anglophones suggèrent de faire circuler des sandwichs et du café autour de la table pour permettre à tout le monde de poursuivre les discussions entamées. Il pourrait être considéré comme mal venu d'interrompre la réunion pour aller au restaurant. Cependant, pour les francophones, les signes sont inversés. La bonne chère et le vin figurent en meilleure place dans leur système de valeurs que dans celui des anglo-saxons. Pour eux le fait que l'on vous emmène dans un bon restaurant signifie que vous êtes pris au sérieux tout en offrant la possibilité de poursuivre les négociations.

Un bon repas arrosé de bon vin acquiert de plus en plus d'importance au fur et à mesure que vous descendez vers le sud de l'Europe, non pas parce que les peuples méditerranéens sont des sybarites mais en raison de différentes conceptions du rôle des rapports personnels dans le cadre d'une relation commerciale. En Grande-Bretagne et dans une plus grande mesure en Amérique du Nord, les relations commerciales sont considerées comme étant distinctes des relations personnelles. Il est possible de faire son entrée dans le bureau d'une personne qui vous est complètement étrangère et de commencer d'emblée à parler affaires.

The further south and east one goes through Europe the more important it is to establish a relationship based on mutual respect and trust before one can even begin to get down to business. Hospitality and gift giving are an integral part of the courtship period, unlike northern countries where they belong to the honeymoon. Potential partners look for reassurance that they are good people to do business with before they look at the deal itself. This is not as noticeable in Belgium and France, which straddle the cultures of the North Sea and the Mediterranean, as it is in other Mediterranean countries, but nevertheless it often takes more time and more visits to restaurants to establish a meaningful business relationship than in Britain or North America.

These are just a few examples of differences in conventions of behaviour. There are many more for readers to discover for themselves. None of them are accidental but all rooted in an underlying value system. They only give problems when outsiders misinterpret them according to their own sets of values. Often it is simply getting used to them like the climate or the food while one gets on with the business. Some are an improvement on what one is used to, others irritating, like conventions of punctuality. The differences which cause problems are those which underlie the way people work together and especially the hidden ones.

POWER IN ORGANISATIONS

The head of a French oil company once told me that he would dearly like to hire more British graduates because they worked so well in teams. When I asked him why he did not, he replied that their mathematics was not good enough.

This illustrates the importance French give to academic achievement. At the same time one can imagine the priorities reversed if it were a British manager speaking. The ability to work in teams is a necessity for a British manager – and fostered by British education which encourages team games and group work.

En Europe, plus on se dirige vers le sud ou vers l'est, plus il est important d'établir une relation basée sur une confiance et un respect mutuels avant même de commencer à parler affaires. L'offre d'hospitalité et de cadeaux sont des artifices qui aident à faire une cour prolongée tandis que dans les pays du nord ce sont des prérogatives de la lune de miel. Des partenaires commerciaux potentiels cherchent à être rassurés qu'ils sont considérés comme des candidats de choix avant même de se pencher sur le contrat offert. Ceci n'est pas une caractéristique prépondérante de la Belgique ni de la France qui sont à cheval sur les cultures des pays de la mer du Nord et de la Méditerranée, contrairement à ce qui prévaut dans d'autres pays méditerranéens. Il est toutefois nécessaire de consacrer davantage de visites et de sorties au restaurant pour y établir une relation commerciale solide qu'en Grande-Bretagne ou en Amérique du Nord.

Il ne s'agit là que de quelques dissimilitudes au niveau des conventions qui régissent les comportements. Les lecteurs en découvriront bien d'autres eux-mêmes. Aucune de ces différences n'est fortuite mais trouve au contraire sa source dans le système de valeurs sous-jacent. Cela ne devrait constituer un problème que si un étranger fait une erreur d'interprétation en se référant à son propre système de valeurs. Il s'agit la plupart du temps de s'acclimater à ces différences au même titre qu'aux conditions atmosphériques ou à la nourriture tout en se concentrant simultanément sur les négociations. Certaines de ces différences constituent une amélioration par rapport à la normale, d'autres peuvent être agaçantes telles que les conventions de ponctualité. Les différences qui causent problème sont celles qui interviennent au niveau des méthodes de travail en groupe, surtout lorsque celles-ci ne sont pas manifestes.

LA REPARTITION DU POUVOIR DANS LES ORGANISATIONS

Le dirigeant d'une compagnie pétrolière française m'a un jour confié qu'il aimerait beaucoup embaucher davantage de diplômés britanniques en raison de l'aise avec laquelle ils travaillent en équipe. Lorsque je lui ai demandé pourquoi il ne le faisait pas, il m'a rétorqué qu'ils n'étaient pas assez forts en maths.

Ceci illustre l'importance que les français accordent à la réussite scolaire. Il est également permis d'imaginer que les priorités seraient inversées si l'on s'adressait à un cadre britannique. La faculté de pouvoir travailler en équipe est une nécessité absolue pour un cadre britannique. Cette qualité est stimulée par le système éducatif britannique qui encourage les jeux d'équipe et le travail en groupe.

The relative importance given to teamwork is based on the underlying issue of who has power in an organisation and how it is used. Broadly speaking the French believe that power should be concentrated in the hands of competent individuals. This belief is shared by most North Americans. The British, in common with their North Sea neighbours, prefer power to be shared by groups. They joke about their love of committees but still they proliferate. The difference is, of course, a question of degree. French are not absolute dictators and the British are not lost in an anonymous collective. But it is real enough that it significantly affects the role of the boss, how subordinates behave, the conduct of meetings, the relationship between secretaries and their bosses, and many other aspects of how people work together.

TEAMWORK

In France more than in Britain and North America professional relationships between colleagues are founded more on rivalry than cooperation. Competitiveness is fostered by strong vertical hierarchies. Far from refreshing people find it disconcerting when others do not compete. They will not wait for a group consensus before taking an initiative. To those from more team-based cultures this can appear deliberately provocative and they should adjust their expectations of team working.

The concept of the team in France is a collection of specialists chosen for their competence in a given field under the command of an unequivocal leader. French speakers are disconcerted when there is not a well defined hierarchy. In Britain team members are chosen for their ability to function as team members as much as for the technical expertise they can contribute. They prefer to work within the security of a group striving for a common goal.

L'importance relative qui est accordée au travail d'équipe repose sur la question d'attribution du pouvoir au sein d'une organisation ainsi que sur la façon dont ce pouvoir est utilisé. En règle générale, les français estiment que le pouvoir doit être détenu par un certain nombre d'invidus compétents. La plupart des américains adoptent également cette attitude. les Britanniques se rangent du côté des pays limitrophes de la mer du Nord en préférant que le pouvoir soit distribué au sein d'un groupe. Ils tournent en dérision leur prédilection pour les comités, ce qui n'empêche pas pour autant ces derniers de proliférer. Cette différence est bien entendu une question de mesure: Les français ne sont pas des dictateurs tyranniques ni les britanniques des individus perdus dans l'anonymat du collectif. Cependant cette dissimilitude est assez importante pour affecter de façon non négligeable le rôle du patron, le comportement de ses subordonnés, la manière dont se déroulent les réunions, les relations entre les secrétaires et leurs supérieurs ainsi que bien d'autres aspects régissant la façon dont les gens travaillent ensemble.

LE TRAVAIL EN EQUIPE

En France et ceci bien plus qu'en Grande-Bretagne et qu'en Amérique du Nord, les relations professionnelles entre collègues sont davantage basées sur la rivalité que sur un esprit de coopération. Ce climat compétitif est engendré par une échelle hiérarchique très rigide. Les gens sont déconcertés et non plaisamment surpris par ceux qui ne s'inscrivent pas dans cette perspective. Ils n'attendent pas que le groupe se soit mis d'accord pour prendre un initiative. Ceci peut sembler une provocation délibérée pour ceux qui proviennent d'une culture où l'esprit d'équipe prévaut mais ils devraient adapter au nouveau contexte leurs notions de travail en équipe.

Le concept d'équipe évoque en France un ensemble de spécialistes qui ont été regroupés en raison de leurs compétences dans un domaine donné, sous l'autorité sans équivoque d'un dirigeant. Les francophones se sentent déconcertés lorsqu'ils ne peuvent pas identifier une hiérarchie précise. En Grande-Bretagne les membres d'une équipe sont sélectionnés en vertu de leur capacité à fonctionner en son sein ainsi que pour le niveau d'expertise technique qu'ils peuvent apporter. Ils préfèrent travailler dans la sécurité relative d'un groupe qui cherche à atteindre un but commun.

These observations apply mainly to the corporate environment. In Anglo-Saxon as well as Gallic cultures there are strong traditions of individualism and entrepreneurship. (If language is anything to go by the French speakers have the edge, else why is there no English equivalent of entrepreneur?) But true individualists in any culture are less likely to be found working for other people.

ROLE OF THE BOSS

A French manager is expected to be a strong authority figure with a high degree of technical competence. In a recent survey of European managers one of the questions was 'is it important for a manager to have at his fingertips precise answers to most of the questions subordinates ask about their work'. Of the Frenchmen, 60% said it was against 20% of the British. At the same time French managers show much more attention to detail than their British counterparts. British who work for French bosses are often surprised at what they consider unwarranted interference in their own areas of competence. This does not indicate unprofessionalism and sloppiness among British managers. They tend to delegate responsibility more than the French and expect their subordinates to answer their own questions.

French managers keep a distance from their subordinates and also from their peers. They are less likely than British counterparts to open their minds, much less their hearts, and to share problems. They are expected to be directive rather than participative, competitive rather than collaborative. The British sometimes misinterpret this as a need for autocratic leadership. In fact, along with logic in the French mentality goes a deep and healthy scepticism. They are happy to be led but only in the right direction and for the right reasons. Respect for authority is based first and foremost on competence and strength of personality is rarely enough on its own. British are sometimes shocked at how critical and argumentative French subordinates can be towards their managers.

Ces observations s'appliquent principalement au milieu d'entreprise. Dans les cultures anglo-saxonne et française il existe une forte tradition d'individualisme et d'esprit d'enterprise. (Si la langue peut en quelque sorte servir de critère, les Français auraient-ils une longueur d'avance dans ce domaine, l'anglais étant obligé de recourir au mot 'entrepreneur' pour traduire ce concept?). Mais il est peu probable que les individualistes purs et durs travaillent pour le compte d'autres personnes, quel que soit le contexte culturel.

LE ROLE DU PATRON

Un directeur français est supposé faire figure d'autorité et posséder des connaissances techniques très approfondies. Une enquête menée récemment auprès de cadres européens posait la question suivante: 'est-il important pour un cadre d'avoir immédiatement réponse à la plupart des questions que lui posent ses subordonnés à propos de leur travail?' 60% des français ont répondu que oui, que c'était important, ceci par rapport à 20% des britanniques. Il convient cependant de remarquer que les cadres français prêtent beaucoup plus attention au détail que leurs homologues britanniques. Les britanniques qui travaillent sous la direction d'un français sont souvent surpris par ce qu'ils considèrent comme une interférence injustifiée dans leur domaine de compétence. Ceci n'implique pas que les cadres britanniques manquent de conscience professionnelle ni qu'ils soient négligents. Ils ont davantage tendance à déléguer des responsabilités que les français et attendent de leurs subordonnés qu'ils trouvent la réponse à leurs propres questions.

Les directeurs français maintiennent une certaine distance avec leurs subordonnés et également avec leurs collègues immédiats. Ils sont moins enclins que leurs homologues britanniques à dire le fin fond de leur pensée et encore moins à ouvrir leur coeur et à faire part de leurs problèmes. On attend d'eux qu'ils puissent diriger plutôt que participer, qu'ils soient compétitifs plutôt que prêts à collaborer. Les britanniques interprètent parfois cela à tort comme un besoin de domination autocratique. En fait, la logique de la mentalité française est mitigée d'une bonne dose de scepticisme. Etre dirigés ne les dérange pas à partir du moment où c'est dans la bonne voie et pour des raisons valides. Le respect de l'autorité est basé principalement sur la compétence et il est rare qu'une forte personnalité suffise pour s'imposer. Les britanniques sont parfois choqués de voir combien certains employés français peuvent avoir l'esprit critique et contestataire vis-à-vis de leurs supérieurs.

Similarly French people, in common with North Americans, sometimes misinterpret British concern from teamwork as decision shirking and the avoidance of individual responsibility. They are impatient with the need to debate a multiplicity of views and suggestions. A frequent comment made by French about British is that they talk too much.

It would be very misleading to infer from the attitude to teamwork and authority that the British are more egalitarian than the French. While people are expected to be co-operative and collaborative and friendly and informal, the complexity and subtlety of British class-consciousness is mirrored in other aspects of corporate life. The most important symbol of rank is the company car followed by a host of minor privileges. By contrast the more hierarchical and directive in their management style, French tend to be more egalitarian in the outward signs of power and prestige.

EDUCATION

How value systems are created and modified and transmitted is a fascinating and endless subject and far outside the scope of this short introduction. But it is worth taking education as an example of how deep-seated the process is and that the differences in the everyday behaviour of people of different cultures are neither accidental nor superficial.

De même les français, au même titre que les américains, comprennent parfois mal l'importance qu'accordent les britanniques au travail en équipe en l'assimilant à une tendance à éviter de prendre des décisions et des responsabilités sur le plan individuel. Ils s'impatientent de leur besoin d'examiner nombre de points de vue et de suggestions. L'un des commentaires que font fréquemment les français à propos des britanniques est qu'ils parlent trop.

Il serait erroné de déduire à partir de l'attitude observée au niveau du travail en équipe et de l'autorité que les britanniques professent une attitude plus égalitaire que les français. Bien que d'un côté les gens soient supposés être aimables, détendus et avoir l'esprit de coopération et de collaboration, les classes sociales sont divisées de façon complexe et subtile, ce qui est reflété dans divers aspects de la vie d'entreprise. Le symbole hiérarchique le plus important est celui de la voiture de fonction auquel se joint une multitude de petits privilèges. Par contraste, bien qu'ils aient un style de gestion plus hiérarchisé et plus directif, les français ont tendance à être plus égalitaires au niveau des signes extérieurs de pouvoir et de prestige.

L'EDUCATION

La façon dont les systèmes de valeurs sont créés, modifiés et transmis constitue en soi un sujet d'étude fascinant et continuel mais cela s'inscrit au-delà des limites de cette brève introduction. Il est cependant intéressant de se pencher sur l'éducation en tant qu'exemple du degré de profondeur de ce processus et pour montrer que les différences qui se manifestent dans le comportement quotidien de personnes issues de cultures différentes ne sont ni fortuites ni superficielles.

The importance of education in making a successful career is seen differently in Europe and North America. In a recent survey similar groups of Americans and Europeans were asked what was the most important factor in getting ahead in life. Most of the continental Europeans said education, most of the British and Americans said hard work. In Anglo-Saxon countries there is no presumption of excellence just because someone has been to a university or business school or is a chartered accountant. You are judged primarily on performance. In France there is an automatic assumption that graduates of the 'grandes écoles' – the Polytechnique, the HEC, the ENA – are superior performers. This is reflected in pay differentials for such people throughout their careers, while in Britain premiums for professional qualification wither away after a few years. Senior levels in major companies are dominated by middle class people from the grandes écoles whereas in Britain educational background is more varied and it is much easier to climb from the ranks into senior management.

The education systems themselves are very different in Anglo-Saxon and Gallic countries. The external differences are obvious. For example there is considerable conformity and centralisation in the French educational system. While the British are struggling to create a national curriculum under state control the French have had one for generations. There is a greater diversity of schools in Britain and a different attitude towards the private and boarding schools. As a rule in Britain it is the privileged who are sent to boarding school or pay fees while in France it is different.

But it is what goes on within the schools that has the greatest effect on the sort of issues we deal with in this book. French speaking children are trained to think deductively, the Anglo-Saxons are trained to think inductively. This affects the way people solve problems, make proposals, create organisations, plan their business, conduct negotiations and participate in meetings.

Le rôle de l'éducation dans la réussite d'une carrière ne revêt pas la même importance en Europe et en Amérique du Nord. Une enquête a été récemment effectuée auprès de groupes similaires d'américains et d'européens auxquels on a demandé quel était le facteur le plus important pour réussir dans la vie. La majorité des européens ont mentionné l'éducation tandis que pour la plupart des britanniques et des américains on 'arrive' en travaillant dur. Dans les pays anglo-saxons, ce n'est pas parce qu'une personne est passée par l'université ou par une école de commerce ou qu'elle a décroché un diplôme d'expert-comptable que son niveau sera automatiquement présumé bon. On est jugé avant tout sur la pratique. On suppose automatiquement en France que les diplômés des grandes écoles telles que Polytechnique, HEC, l'ENA sont très performants. Cette différence est reflétée au niveau des salaires que perçoivent ces personnes, tandis qu'en Grande-Bretagne les primes dues aux qualifications professionnelles s'estompent au bout de quelques années. En France, les cadres supérieurs des grandes entreprises proviennent souvent des classes moyennes et sont fréquemment issus des grandes écoles tandis qu'en Grande-Bretagne, ils ont souvent suivi différentes voies et il est plus facile de monter dans l'échelle hiérarchique et d'atteindre ainsi les échelons supérieurs.

Les systèmes d'éducation diffèrent également beaucoup dans les pays anglo-saxon et français. Certaines différences sont visibles de l'extérieur. Par exemple, il se dégage du système éducatif français une conformité et une centralisation considérables. Tandis que les britanniques essaient à grand peine d'établir un programme national d'enseignement scolaire qui soit contrôlé par le gouvernement, cela fait des générations que les français en ont un. Il existe en Grande-Bretagne un large éventail de types d'écoles et une attitude différente envers les écoles privées et les pensionnats. En règle générale en Grande-Bretagne ce sont les classes privilégiées qui paient de larges sommes pour envoyer leurs enfants en pension, alors qu'en France ce n'est pas la même chose

C'est cependant ce qui se passe à l'intérieur des écoles qui exerce le plus d'influence sur le genre de questions dont traite cet ouvrage. Les petits francophones apprennent à penser par déduction tandis que les anglo-saxons sont encouragés à raisonner par induction. Ceci a des répercussions sur la façon dont les gens résolvent les problèmes, font des propositions, mettent sur pied des organismes, planifient leurs affaires, dirigent des négociations et participent à des réunions.

We can date the split at least as far back as the turn of the seventeenth century to two philosopher-scientists, the near contemporaries Francis Bacon and René Descartes. Bacon argued for what became known as 'the scientific method' in which observation and experiment were the basis for theorising. Descartes took the opposite course, basing his method on the only fact he could rely on, 'I think therefore I am.' A deductive thinker like Descartes starts with a general principle or an idea or a theory and makes deductions from this about the real world. An inductive thinker like Bacon starts by observing the evidence of the real world and then tries to formulate a hypothesis which will explain the facts. This is a gross generalisation because in the real world the deductive thinker has to start on the basis of some kind of evidence and the inductive thinker cannot marshall and classify the evidence without some sort of preliminary hypothesis. But the mental disciplines and approach to problem-solving are radically different.

If you think Bacon and Descartes belong in the schoolroom and not the boardroom, listen to the way people argue at the next Anglo-French meeting you go to or consider the way the next report you receive from across the Channel is structured. The natural way for the French to argue is to make clear from the beginning the underlying principle or structure and then get to the relevant facts while for the Anglo-Saxons it is the other way round. They take pride in pragmatism and accuse the French of over-theorising, while the French take pride in logic and accuse the Anglo-Saxons of getting lost in detail. French arguments for the Channel Tunnel were based on the integration of a pan-European rail network and a long range transport policy, British arguments on the freight bottleneck at Dover.

Nous pouvons faire remonter cette divergence au début du dix-septième siècle, époque où ont vécu deux philosophes et savants, Francis Bacon et son contemporain de peu René Descartes. Bacon développa ce qui a reçu l'appellation de 'méthode scientifique' d'après laquelle l'observation et l'expérience sont à la base de la théorie. Descartes prit la voie opposée en fondant sa méthode sur le seul fait dont il pouvait être certain, 'je pense donc je suis'. Un penseur déductif tel que Descartes part d'une idée, d'une théorie ou d'un principe général et en tire des conclusions sur la réalité. Un penseur inductif comme Bacon commence par observer des manifestations de la vie réelle puis essaie de formuler une hypothèse qui puisse expliquer ces faits. Cette généralisation n'est que très schématique puisque dans la réalité celui qui pense par déduction doit se baser sur certaines preuves matérielles tandis que celui qui réfléchit par induction ne peut ni rassembler ni classifier des faits sans avoir auparavant à l'esprit une hypothèse quelconque. Il est cependant vrai que la discipline mentale et la façon d'aborder un problème sont radicalement différentes dans les deux pays.

Si vous pensez que Bacon et Descartes ont leur place dans la salle de classe mais pas dans la salle du conseil, écoutez donc la façon dont les gens présentent leurs arguments lors de votre prochaine réunion franco-britannique ou examinez la manière dont est structuré le prochain rapport que vous recevrez de l'autre côté de la Manche. Il est naturel pour les français d'argumenter en clarifiant dès le départ la ligne conductrice ou la structure puis d'aborder les faits tandis que les anglo-saxons favorisent la méthode inverse. Ils sont fiers de leur pragmatisme et accusent les français de se complaire dans la théorie, tandis que les français se targuent de logique et reprochent aux anglo-saxons de se perdre dans les détails. Les arguments des français en faveur du tunnel sous la Manche étaient fondés sur l'intégration d'un système ferroviaire paneuropéen et d'une politique des transports à grand échelle tandis que les arguments des britanniques reposaient sur l'encombrement des marchandises à Douvres.

So if you are French and want to persuade the British, at a presentation for example, start with the facts. If you want to attack their arguments do it on the basis of the evidence for they will get impatient if you use theory. If you are British dealing with French, start with an overall schema or design and if you want to attack their argument go for the insufficiency of the theory before pulling the evidence to pieces. This applies whether you are planning a multi-million plant or organising the tea breaks. This does not mean that the British are intellectually inferior or the French have their head in the clouds. One thing we have in common on both sides of the Channel is a very practical, down to earth approach. The difference is in methodology.

It is a problem one has to face in a bilingual introduction. French readers will be looking for logical consistency and an underlying concept while English readers will be looking for practical examples. This book, a collaboration between a British and a French author, is a very satisfying blend of theory and pragmatism – although it would have been fascinating to be a fly on the wall while they agreed what to write.

LANGUAGE

This book is partly concerned with language. If we are to work together it is the first barrier we have to cross. So if you are doing business in the other person's language you should go straight to the meat of the book and make sure you have mastered the vocabulary and the phrases you will need to make yourself understood. There are no short cuts. They have to be learned so that you are not struggling for the right word when you should be concentrating on the business in hand.

Par conséquent si vous êtes français et que vous cherchez à convaincre des britanniques, lors d'une présentation par exemple, commencez par exposer les faits. Si vous voulez contrecarrer leurs arguments, usez donc de preuves car ils s'impatienteront si vous vous appuyez sur la théorie. Par contre, si vous êtes britannique et que vous traitez avec des français, amorcez la discussion en présentant un principe directeur ou les grandes lignes de votre pensée puis, si vous désirez vous opposer à leurs arguments, montrez la faille de la théorie avant de saper les preuves proposées. Ce principe est valide que vous planifiez une usine de plusiers millions de dollars ou que vous essayiez d'organiser des pauses-café. Cela ne signifie pas que les britanniques aient un niveau intellectuel inférieur ni que les français n'aient pas les pieds sur terre. L'une des choses que nous ayons en commun de part et d'autre de la Manche est une façon d'aborder les problèmes qui est très pragmatique et terre à terre. C'est au niveau de la méthodologie que se manifestent des différences.

On se trouve précisément confronté à ce problème dans une introduction bilingue. Les lecteurs français essaieront de repérer une consistance logique et une ligne directrice tandis que les lecteurs anglais seront à la recherche d'exemples concrets. Cet ouvrage, qui est le fruit d'une collaboration entre un auteur britannique et un auteur français marie harmonieusement la théorie et la pratique (ceci dit, il aurait été intéressant d'être à l'écoute lorsqu'elles essayaient de se mettre d'accord sur le contenu de l'ouvrage).

LA LANGUE

Ce livre traite en partie de la langue. Si nous désirons travailler ensemble, c'est le premier obstacle que nous devons franchir. Par conséquent si vous traitez en affaires dans la langue de l'autre personne, il vous faut vous attaquer directement à la substance de ce livre et vous assurer que vous maîtrisez le vocabulaire et les expressions dont vous aurez besoin pour vous faire comprendre. Il n'y a pas de raccourcis. Vous devez apprendre ces expressions pour que vous ne soyez pas pris au dépourvu et que vous n'ayez pas à chercher le mot juste alors que vous devriez vous concentrer sur l'affaire à traiter.

The phrases and expressions in the text are models of clarity. Many misunderstandings could be avoided if everyone spoke their own language as clearly. English and French are both international languages and native speakers, whether out of ignorance or chauvinism, often fail to acknowledge that the international form of their language is not the same as their own. It is spoken more slowly, with a standard accent and limited vocabulary and does not contain any of the imagery and slang and jargon and jokes that enliven ordinary speech. While the British are more often the culprits – frequently using phrases like 'bear with me' or 'what's the bottom line' – French also has its share of the untranslatable. Both sides should swallow their national pride and try to speak their own language as their foreign counterparts speak it. The result may be the bland Eurospeak that blights Brussels but at least everyone understands it.

Another potential trap is the false friend. As you go through the text keep an eye open for words which look the same in both languages but have different meanings. For example the French word 'prétend' does not mean 'pretend' in English. It means 'maintain' or 'allege'. 'Pub' in French is short for 'publicité' (advertising) and not 'public house' (a bar). A 'qualified acceptance' in English does not mean an unconditional acceptance, as it does in French and many other European languages, but a conditional one. The English 'eventually' means 'in the end' and not 'when the circumstances are appropriate' as it does in French. When the French say 'intéressant' they often mean 'profitable', not interesting.

Les expressions qui figurent dans cet ouvrage sont la clarté même. De nombreux malentendus pourraient être évités si tout le monde parlait sa propre langue aussi clairement. L'anglais et le français sont tous deux des langues internationales et les personnes ayant pour langue maternelle une de ces deux langues refusent souvent d'admettre, par ignorance ou par chauvinisme, que la version internationale de leur langue n'est pas nécessairement celle qu'ils parlent. Cette version internationale est parlée plus lentement, avec un accent standard et utilise un vocabulaire limité tout en excluant le langage imagé, l'argot, le jargon et l'humour qui colorent le langage ordinaire. Les britanniques sont souvent coupables de ce délit, en ponctuant par exemple leur discours d'expressions telles que 'bear with me' ou 'what's the bottom line' mais le français comporte également bon nombre d'expressions intraduisibles. Il faudrait que soit ravalé l'orgueil national d'un côté comme de l'autre et que tout un chacun essaie de parler sa propre langue comme la parlent ses homologues étrangers. Il en résulterait peut-être le type de langage fade qui est l'apanage de Bruxelles mais du moins est-ce compréhensible de tout le monde.

Les faux-amis constituent un autre piège. Lorsque vous parcourez ce livre, essayez de repérer les mots qui se ressemblent dans les deux langues mais qui ne signifient pas la même chose. Par example 'prétend' en français ne signifie pas 'pretend' en anglais, son équivalent étant 'maintain' ou 'allege'. 'Pub' en français est l'abréviation de 'publicité' et non pas de 'public house' (bar). 'Qualified acceptance' en anglais ne veut pas dire la même chose que 'unconditional acceptance' comme serait enclin à le penser un francophone ou un autre européen, l'adjectif ayant le sens de 'conditionnel'. L'adverbe anglais 'eventually' signifie 'au bout du compte' et non 'éventuellement'. Quand les français disent 'intéressant', ils ont souvent à l'esprit l'équivalent de 'profitable' et non celui de 'interesting'.

The British should also bear in mind that they are minority speakers of English and that foreigners may prefer to speak North American or International English. When foreigners say 'quite', as in 'quite pretty', they may mean the American 'very pretty' and not the lukewarm 'fairly pretty' as in English. If foreigners say one should 'table a proposal' they may mean 'shelve a proposal' which is American usage. For the same reason French people dealing with Americans should not be surprised if some of the British English they use is incomprehensible. For example Americans only use 'diary' to indicate a personal journal. Appointments are put in a calendar.

It is extremely difficult to eliminate these idiosyncrasies because language cannot be divorced from the culture from which it takes life and to which it gives expression. We do not use easier and more practical languages like Esperanto because they have no roots in a living culture. We put up with the irregularities and oddities of French and English because we know instinctively that they are more than a vehicle for putting over facts and ideas. They embody the way people think and feel and behave, their values and beliefs, the way they see themselves and their fellow men and the world in which they live.

BODY LANGUAGE

Although language is the single most important element in communication it is by no means the only one. It has been said that communication is only twenty percent verbal while the rest is intonation, body language, environment and so on. You may wonder how the percentage can be calculated but the fact remains that mastering the vocabulary and the grammar is only the beginning of effective communication.

Il faudrait également que les britanniques gardent à l'esprit le fait qu'ils ne représentent qu'une minorité d'anglophones et qu'il se peut que certains étrangers préfèrent parler l'américain ou un anglais international. Lorsqu'un étranger utilise le mot 'quite' comme dans 'quite pretty', il veut peut-être dire 'very pretty' selon l'usage américain et non la version tiède de l'anglais 'fairly pretty'. Si un étranger utilise l'expression américaine 'table a proposal', il veut sans doute dire 'shelve a proposal' pour un anglais. De même, les français qui traitent avec des américains ne devraient pas manifester trop de surprise si leur anglais britannique n'est pas toujours compris. A titre d'exemple, les américains n'utilisent le mot 'diary' que pour se référer à leur journal intime. Ils prennent note de leurs rendez-vous dans un 'calendar'.

Il est extrêmement difficile de faire fi de ces particularismes car un langue ne peut pas être dissociée de la culture dans laquelle elle prend source et à laquelle elle prête voix. Une langue plus facile et plus courante, telle que l'Esperanto n'a pas d'application courante parce que ce type de langue n'a pas de racines dans une culture vivante. Nous nous résignons aux irrégularités et aux excentricités du français ou de l'anglais parce que nous savons d'instinct que ces langues ne se limitent pas à véhiculer des faits et des idées. Elles cristallisent la façon de penser des gens, leurs sentiments, leurs comportements, leurs valeurs et leurs croyances, le regard qu'ils portent sur eux-mêmes et sur leurs contemporains ainsi que sur le monde dans lequel ils évoluent.

LE LANGAGE DU CORPS

Bien que le langage parlé ou écrit soit un outil essentiel de communication, c'est loin d'être le seul. On considère que les actes de communication ne sont verbaux qu'à vingt pour cent, le reste étant transmis par l'intonation, la gestuelle, l'environnement et autres. Il vous est permis de vous demander comment ces pourcentages sont calculés mais le fait est que la maîtrise du vocabulaire et de la grammaire ne constitue que le prélude d'un acte de communication efficace.

Take a simple example. Make a circle by putting the tip of your middle finger on the top of your thumb. In Britain this usually means OK, good. In France it means zero, bad. (In the Eastern Mediterranean it is obscene). Many other gestures and signals, whether deliberate or unconscious, have different meanings to foreigners. When a Frenchman hesitates in a conversation he may make a puffing sound like the airbrakes of a truck. To the British this can sound contemptuous. Meanwhile foreigners may be mystified by the hesitant 'um' which is peculiar to English. The first lesson is to avoid such visual and oral slang. The second and more important lesson is not to jump to the wrong conclusion if the other person seems rude or stupid – the chances are very high that you are misinterpreting the words or the signals.

HUMOUR

One frequent source of misunderstanding is the use of humour. The authors rightly point out that it can help to overcome the cool feelings that are almost inevitable in any negotiation. However it should be used with the greatest care. Humour does not travel well across frontiers, as a glance at a foreign cartoon book will demonstrate. It relies considerably on linguistic flexibility – under-statement, allusion, wordplay and so on – and is highly context related. While both French and British are fond of irony and sarcasm, what is to be amusing banter can often appear insulting or incomprehensible to foreigners. British are also fond of self-deprecation which is alien to a French or American mentality.

Prenons un exemple tout simple. Si vous formez un cercle en joignant votre majeur au bout de votre pouce, votre geste sera interprété en Grande-Bretagne et en Amérique comme signifiant 'OK', 'bon'. Ce même geste signifie 'nul', 'mauvais' en France. (Dans les pays situés à l'est du bassin méditerranéen, ce geste est carrément obscène). De nombreux autres gestes et signes, qu'ils soient faits de façon délibérée ou non, ont pour les étrangers différents sens. Lorsqu'un français marque une hésitation au cours d'une conversation, il émet un son soufflé qui ressemble à celui que dégagent les freins à air comprimé d'un camion. Ce son a une tonalité méprisante pour les britanniques. Les étrangers peuvent de même être sidérés par les 'um' d'hésitation propres aux anglais. La première chose à retenir est qu'il vaut mieux éviter ce type d'argot visuel ou oral. La second chose et la règle la plus importante est qu'il ne faut pas tirer de conclusions hâtives si la personne en face de vous vous paraît manquer de manières ou d'intelligence: il est fort à parier que vous interprétez mal les paroles ou les signes qui vous sont adressés.

L'HUMOUR

L'utilisation de l'humour entraîne fréquemment des interprétations erronées. Les auteurs font remarquer avec raison qu'en usant d'humour vous pouvez détendre une atmosphère crispée, chose inévitable dans toute négociation. Il convient cependant de l'utiliser à bon escient. L'humour ne franchit pas intact les frontières, comme peut le confirmer un coup d'oeil à une bande dessinée étrangère. Il se fonde sur une grande malléabilité linguistique en faisant ample usage d'euphémismes, d'allusions, de jeux de mots et autres et fait constamment référence au contexte culturel. Les français comme les britanniques sont amateurs d'ironie et de sarcasme mais ce qui n'est que plaisanteries légères peut être perçu comme propos insultants ou incompréhensibles par certains étrangers. Les britanniques aiment à se dénigrer, forme d'humour que ne reconnaissent pas les mentalités française ou américaine.

In Britain humour is an essential ingredient in corporate life. The British have an aversion to seriousness and it is important to be entertaining as often as possible. It is almost a professional qualification – how many times do job advertisements contain 'sense of humour required'. Humour is used to break the ice, put people at their ease, conceal social awkwardness and embarrassement, communicate something unpleasant. At the beginning of a meeting a British chairman will often make a joke to relax people before getting down to business. During the meeting if the discussion gets heated or the negotiations look like breaking down a standard British ploy is to defuse the situation with a joke to get the discussion going again. In France however, as in North America, people tend not to joke about serious matters and to joke about an important issue is thought out of place. To do so can look flippant and cynical.

Does this mean that one should always be deeply serious? Certainly not. But it is best to be cautious and aware of what effect humour will have in a particular context.

MEETINGS

The meeting is one of the most common vehicles for negotiation, decision-making, communication and control. But the concept of what a meeting is for and how to take part in it can vary greatly across borders. The meeting described in this book is a model of a formal meetings between two equal sides. However day-to-day working meetings in commercial companies may follow a different pattern.

L'humour est en Grande-Bretagne intimement lié à la vie d'entreprise. Les britanniques détestent ce qui paraît trop sérieux et il est important pour eux de faire preuve d'humour aussi souvent que possible. Il s'agit pratiquement là d'une qualification professionnelle, preuve en est la fréquence avec laquelle 'sens de l'humour exigé' figure dans les annonces d'emplois. On fait appel à l'humour pour détendre l'atmosphère, pour mettre les gens à l'aise et pour cacher une certaine gêne ou de l'embarras ou même pour faire part de quelque chose de déplaisant. Il est fréquent que le président britannique d'une réunion ouvre la séance en faisant une plaisanterie pour mettre les participants à l'aise avant que ne soient entamées les discussions propres. Si au cours de la réunion l'atmosphère s'échauffe ou si les négociations commencement à battre de l'aile, les britanniques ont souvent recours à une plaisanterie pour désamorcer la situation et remettre la discussion sur les rails. Toutefois en France comme en Amérique du Nord les gens n'ont pas tendance à plaisanter sur des sujects graves et il est pour eux de mauvais aloi de tourner une question sérieuse en plaisanterie. Cela peut trahir à leurs yeux une attitude désinvolte et cynique.

Est-ce que cela veut dire que l'on doit toujours conserver son sérieux? Loin de là. Il vaut mieux cependant faire preuve de prudence et être conscient de l'effet que l'humour peut avoir dans un contexte particulier.

REUNIONS

La réunion est l'une des formes les plus courantes de négociation, de prise de décision, de communication et de contrôle. Cependant, la définition du concept de réunion et le rôle de ses participants varient sensiblement d'un pays à l'autre. La réunion qui est décrite dans cet ouvrage est un exemple de réunion formelle entre deux parties qui sont sur un pied d'égalité. Toutefois, les réunions de travail qui se tiennent quotidiennement en entreprise peuvent très bien suivre un modèle différent.

Different concepts of authority and teamwork described above strongly influence the purpose and conduct of a meeting. Matters affecting the meeting which are taken for granted in one country – the need for consensus, the role of the chair and the agenda, time-keeping, preparation, participation style, follow-up, – can be a source of misunderstanding when different nationalities get together.

PURPOSE

For example in Britain the meeting is a much more integral part of the decision making and communication process than in France. Only the least important decisions and instructions are not formulated, discussed, approved, ratified, communicated and implemented at a meeting. The meeting is a forum for the debate for those who take part in and are affected by a decision. Everyone is expected to make some sort of contribution, whatever its quality, and not necessarily in their specialist area. They are not regarded as interruptions from real work.

In France meetings called by the manager will follow an established format with a detailed agenda. The purpose is for briefing and coordination rather than a forum for debate or decision making. People will come well-prepared for the contribution they are expected to make and ready to fend off objections if they arise. Usually they will not expect to be seriously contradicted. In the public arena of a meeting to question a proposal or an idea is to question the competence of the person who put it forward – the criticism is reserved for the corridor outside. The worst that can happen is for the boss to deliver criticism, an obvious sign of displeasure. Kicking ideas around, floating a few trial balloons is relatively uncommon – there is too much personal risk.

Le but et la façon dont se déroule une réunion sont fortement influencés par les différentes conceptions d'autorité et de travail en équipe traitées plus haut. Les questions qui gouvernent une réunion et qui sont considérées comme allant de soi dans un pays donné (telles que la nécessité d'obtenir un consensus, le rôle de la personne qui préside la réunion et la fonction de l'ordre du jour, l'importance de la ponctualité, les préparations antérieures, le style de participation aux discussions, le suivi de la réunion) peuvent engendrer des malentendus lorsque différentes nationalités sont regroupées.

BUT D'UNE REUNION

En Grande-Bretagne par exemple, la réunion fait partie intégrante du processus de prise de décision et de communication, bien plus qu'en France. Seules les décisions et directives mineures ne sont pas formulées, débattues, approuvées, ratifiées, communiquées et exécutées lors d'une réunion. La réunion fait office de forum pour tous ceux qui sont impliqués dans la prise d'une décision ou affectés par ses suites. Tout le monde est supposé contribuer d'une façon ou d'une autre, quelle que soit la qualité de son intervention, et pas obligatoirement dans son domaine de compétence. Ceci n'est pas considéré comme une diversion mais comme s'inscrivant dans le cadre du travail.

En France, les réunions organisées par un supérieur respectent souvent une forme établie et suivent un ordre du jour détaillé. Le but fixé est plutôt de donner des instructions et de coordonner que d'ouvrir un débat ou de prendre des décisions. Les participants sont supposés avoir préparé leur intervention et être prêts à repousser toute objection qui puisse être formulée. Ils ne s'attendent généralement pas à être sérieusement contredits. Remettre en question une proposition ou une idée dans l'arène publique qu'est une réunion revient souvent à mettre en doute la compétence de la personne qui a fait cette suggestion: les critiques sont souvent réservées pour des apartés dans le couloir. Le pire qui puisse survenir est qu'un supérieur fasse des critiques; cela trahit un mécontentement indubitable. Il est relativement rare que soient lancées des idées à titre expérimental: cela comporte trop de risques pour la personne qui s'y aventure.

This sort of meeting may be more structured than they are in Britain but they are less frequent and less time-consuming. What is proposed and discussed tends to be better prepared and thought out. Spontaneity and creativity take place in more informal discussions between people who believe they can trust each other.

Meetings in France where there is not an established authority figure as chairman are less structured. Participants will feel free to leave the meeting, conduct side conversations and interrupt. There is little collegiate atmosphere. This can be frustrating for British participants – as one senior manager put it to me, 'the French do not seem to realise that they are at a meeting. They leave a meeting half way through make phone calls, get on with paperwork.' From the French point of view the British love of meetings is time-wasting.

There are different attitudes towards the need for consensus. The British tend to look for a synthesis of views. The French tend to look to the adoption of the best idea, preferably their own. French are more practised than the British at imposing their own view through of logical argument and force of personality. They stick to their positions to the last moment and to concede a point is a sign of weakness. Decisiveness and self confidence may appear arrogant and inflexible to others who prize compromise and flexibility more. If a collective decision is taken by a group, it is assumed by the British that will adhere to it as a matter of principle. In France dissenters will continue to voice their disagreement and if they cannot change it, surrender all responsibility for it to the person in charge.

Ces réunions sont certes plus structurées qu'elles ne le sont en Grande-Bretagne mais elles ont lieu moins fréquemment et mobilisent moins de temps. Les thèmes proposés et débattus ont tendance à être mieux préparés et plus réfléchis. La spontanéité et la créativité sont réservées pour des discussions informelles entre personnes qui pensent qu'elles peuvent se faire confiance.

Les réunions qui se tiennent en France sans être présidées par une personne d'autorité reconnue ont tendance à être moins structurées. Les participants se sentent alors libres de quitter la réunion quand bon leur semble, de se livrer à de petits apartés et d'intervenir dans la discussion. L'atmosphère n'a pas les mêmes caractéristiques de groupe qu'en Grande-Bretagne. Ceci peut constituer un motif de frustration pour les participants britanniques. Comme me confia un jour un cadre supèrieur, 'les français ne semblent pas se rendre compte qu'ils sont en réunion. Ils partent en plein milieu, donnent des coups de téléphone, font leurs papiers'. Les français estiment par contre que la prédilection des britanniques pour les réunions constitue une perte de temps.

La notion de consensus est considérée dans une optique différente. Les britanniques ont tendance à opter pour une synthèse des points de vue exprimés. Les français par contre cherchent à ce que soit retenue la meilleure idée, de préférence la leur. Ils sont plus accoutumés que les britanniques à imposer leur propre point de vue à grand renfort d'arguments logiques et à projeter leur personnalitè. Ils se retranchent derrière leurs positions jusqu'au bout, et, pour eux, concéder un point revient à faire preuve de faiblesse. L'assurance de soi et la détermination font parfois figure d'arrogance et de manque de souplesse aux yeux de ceux qui apprécient davantage le sens du compromis et une certaine flexibilité. Si une décision est prise en commun par un groupe, les britanniques partent du principe que cette décision sera respectée. En France, en revanche, les personnes qui s'opposent à cette décision continuent souvent à faire part de leur mécontentement et, si elles ne peuvent pas en modifier le sens, rejettent alors toute responsabilité sur la personne en charge.

CONCLUSION

Do you have to be an expert in comparative culture to sit on an Anglo-French committee or work for a foreign boss? Cultural difference is only a problem when it is a problem – if you get on perfectly well with each other then the differences can be safely ignored. There are plenty of cross-border relationships that work well because both sides choose to ignore their different ways of working in the interests of getting the job done and making a profit.

If things do start going off the rails it is rarely because the participants are uncooperative or stupid or bear ill-will. It is because they have been brought up to believe that there is a better way of to do things. There is a natural presumption that when foreigners do things differently it is an aberration from the right way of doing things, which is our way. This is not arrogance but common sense – after all, if we suspected that our way was not the best we would not be doing it. The key to successful business across borders is to understand that their different ways of achieving your common objectives are as right for them as yours are for you.

John Mole

CONCLUSION

Faut-il être un expert en cultures comparées pour faire partie d'un comité franco-anglais ou pour travailler sous les ordres d'un employeur étranger? Les différences culturelles ne constituent un problème qu'à partir du moment où elles deviennent un problème: si vous vous entendez parfaitement avec votre partenaire commercial, alors ces différences peuvent être ignorées sans risque. Nombreuses sont les collaborations inter-frontières qui se déroulent sans encombre parce que d'un côté comme de l'autre on considère que les différentes méthodes de travail importent peu quand il s'agit d'effectuer un travail et de réaliser un bénéfice.

Si un projet s'enlise, il est rare que cela trahisse de la part des participants un manque de coopération, d'intelligence ou de la mauvaise volonté. Cela est fréquemment dû au fait que d'un côté comme de l'autre les gens ont été habitués à penser que les choses doivent être faites d'une certaine façon. Il y a une tendance naturelle à présumer que lorsque des étrangers travaillent de manière différente, ils enfreignent la pratique établie, c'est à dire la nôtre. Il ne s'agit pas là d'arrogance mais de bon sens: après tout si nous n'étions pas convaincus du bien fondé de nos pratiques, nous nous y prendrions autrement. Le moyen le plus sûr de réussir en affaires lorsque l'on passe d'un pays à l'autre est de comprendre que quand il s'agit d'atteindre des objectifs communs, la façon de faire des autres est aussi juste pour eux que la nôtre l'est à nos yeux.

Translated into French by Christine Penman, Stirling University

BOOK I:
TAKING THE FLOOR IN MEETINGS IN FRENCH AS WELL AS IN ENGLISH

LIVRE I:
INTERVENIR DANS UNE RÉUNION EN ANGLAIS COMME EN FRANÇAIS

How to use
this book

This book is for those who have to take part and speak in meetings. Its aim is two fold:

- to help you to present information clearly,

- to enable you to respond in all types of meeting situations.

If you can present a project, a programme or a situation clearly, you will save your audience considerable time, and if you can react quickly, you will be able to impose your view.

This book has two parts. The first deals with the presentations that are made in professional life. These can be long presentations of information in the form of reports, comments, analyses or forecasts. The second part consists of shorter contributions, usually relating to what has just been said: giving an opinion, welcoming a statement, asking for clarification, etc.

Comment utiliser
ce livre

Ce livre s'adresse à tous ceux qui doivent participer et intervenir en réunion. Il poursuit un double objectif :

- permettre de présenter clairement un certain nombre de données,
- réagir à toutes les formes d'intervention.

En présentant clairement un projet, un programme, une situation vous ferez gagner un temps considérable à ceux qui vous écoutent, en réagissant avec rapidité vous saurez imposer votre point de vue.

Ce livre est divisé en deux parties. La première partie est consacrée aux présentations rencontrées dans la vie professionnelle. Il s'agit là d'interventions longues qui peuvent être des exposés, des commentaires, des analyses ou des prévisions. La deuxième partie est composée d'interventions plus courtes liées le plus souvent à ce qui a été dit précédemment : donner son avis, accueillir favorablement l'expose' d'un intervenant, demander des précisions, etc.

You will find here not only the most frequently encountered phrases and expressions, but also advice on how best to use them at the most appropriate time. The English text faces the French for ease of reference, but you will rarely find a word for word translation, since our main aim has been to respect differences of culture and approach, and present what an English speaker or a French speaker would be likely to say in the same situation.

Vous trouverez non seulement les phrases et les expressions qui sont les plus employées, mais également des conseils sur la façon de les utiliser au moment le plus opportun. Les textes français et anglais ont été placés face à face. Une grande liberté a été prise parfois avec la traduction, mais il s'agissait avant tout, de rendre ce que dirait un francophone et ce que dirait un anglophone dans la même situation avec leur culture et leur approche personnelles.

PART I

PRESENTING INFORMATION

Whatever the style of the meeting you attend : large or small, formal or informal regardless of whether the purpose of the meeting is to seek, exchange information, to debate, or to reach agreement, a key area is the presentation of information.

You may be required to give an objective presentation of the facts so that proposals can be discussed, you may be asked to give your personal view or that of the body you represent. Sometimes formal reports must be presented for approval. On other occasions you may be called upon to give a forecast or an analysis of data or to present a case.

Good presentation skills are essential for those taking part in meetings. Succinctness, precision and clarity should be the guiding principles whatever the type of information you have to convey.

PARTIE I

PRÉSENTER
DES INFORMATIONS

Quel que soit le style de la réunion à laquelle vous assistez : petite ou grande, formelle ou informelle, quel que soit le but de la réunion : chercher, donner, échanger des informations, discuter, chercher un accord, la présentation des arguments représente une partie importante.

On peut vous demander une présentation objective des faits de façon à pouvoir discuter de différentes propositions. On peut vous demander de donner votre point de vue personnel ou celui des instances que vous représentez. Parfois ce sont des rapports formels qui doivent être soumis pour approbation. En d'autres occasions, on peut vous demander de faire des prévisions, une analyse de données ou un exposé des faits.

Quand on participe à une réunion une bonne présentation des faits est essentielle. La concision, la précision, la clarté doivent être les principes de base dans toutes les informations à communiquer.

In the words of Harold Wilson, meetings can "take minutes but waste years". Time, patience and deals will be lost if a speaker is long-winded, imprecise or if he simply fails to arouse interest in what he is saying.

A good communicator is a person who is listened to because it is easy to follow him, because he succeeds in establishing rapport with the audience and makes what he has to say meaningful and purposeful for the listener.

In the presenter's mother tongue, this is achieved to a large extent through words. When working in a second or foreign language, considerably more attention must be paid to the words themselves to achieve the required ease of communication and to keep the audience's attention.

Selon la formule d'Harold Wilson, les réunions peuvent
«prendre quelques minutes et faire perdre des années». Le
temps, la patience et les affaires peuvent être perdus si un
participant est long et imprécis ou si, tout simplement, il
n'arrive pas à éveiller l'intérêt par ses paroles.

Un bon communicateur est quelqu'un que l'on écoute
parce qu'il est facile à suivre, parce qu'il réussit à établir des
rapports avec le public et enfin, parce qu'il rend ce qu'il dit
cohérent et logique.

Dans sa langue maternelle, on y parvient essentiellement
grâce à la justesse du vocabulaire. Quand on travaille dans une
deuxième langue ou une langue étrangère, il faut apporter une
beaucoup plus grande attention aux mots eux-mêmes si on
veut acquérir l'aisance nécessaire et maintenir éveillée l'attention de ceux qui vous écoutent.

Chapter 1

Starting off

Generally speaking one is well-advised to take the floor early on in a meeting so as to contribute to defining the debate. If you wait too long to speak, it may be more difficult to influence the discussion and bring people round to your way of thinking.

Your tone as you take the floor for the first time should convey self-confidence. Bearing in mind that the way a message is received depends on the way your personality is perceived, ensure that by your body language you show that you are in control.

Introducing yourself

In some meetings you may be asked to introduce yourself; these will be your first words. Be brief and to the point:

● *My name is ...... I'm here to represent the Legal Department/ I have been sent by the Legal Department to present the annual report/Mr. Freeman has appointed me to attend this meeting as an observer/I have been asked to give the department's viewpoint.*

Chapitre 1

Au début

En règle générale, on a intérêt à prendre la parole dans la phase initiale d'une réunion afin de pouvoir contribuer à orienter le débat. Si vous tardez trop à parler, vous aurez peut-être plus de difficultés à influencer le cours de la discussion et à amener les participants à partager votre point de vue.

Quand vous prenez la parole pour la première fois, votre ton doit montrer que vous êtes sûr de vous. N'oubliez pas que la manière dont est reçu un message dépend de la perception qu'on a de votre personnalité, faites en sorte que votre langage corporel indique que vous contrôlez la situation.

Pour vous présenter

Dans certaines réunions, on vous demandera peut-être de vous présenter. Ce seront là vos premières paroles. Soyez bref et concis :

● *Je suis/je m'appelle ...... Je suis ici pour représenter le service juridique/J'ai été chargé par le service juridique de présenter le rapport annuel/M.Freeman m'a chargé d'assister à cette réunion en tant qu'observateur/On m'a demandé de donner le point de vue du service.*

INTRODUCING YOUR TALK

In a meeting presentation, you announce at the outset what you intend to say, you say it and then you summarize the main points you wish to highlight at the end. You may also review salient points at the end of each section of your speech, depending on its overall length.

According to the type of presentation, your opening remarks will include the following:

To present a decision you can say:

● *The purpose of my talk is to set out the main reasons for the decision we have taken.*

● *The board has decided to ... Very briefly, I'd like to describe the background to that decision and the rationale which led us to it.*

To introduce a debate, you may begin:

● *I would like to outline the main problems posed by the project as it stands.*

● *I would like to give the Committee a clear view of the present situation.*

● *I'm going to set out the main solutions avalaible to us so that we can discuss them in full.*

● *Before we begin to look at alternative solutions, I feel we should pause and consider the advantages and disadvantages/the pros and cons (informal)/the plus and minus points of the proposal in its present form.*

To present a longer, more formal report, you can use:

● *Chairman, Ladies and Gentlemen, the report on this year's budget is, of necessity, wide-ranging. I shall therefore focus only on six or seven important issues. First and foremost...*

POUR PRÉSENTER VOTRE DISCOURS

Dans une présentation, vous annoncez d'abord ce que vous allez dire, vous vous exprimez et vous résumez à la fin les points que vous voulez mettre en relief, non sans avoir fait des rappels en fonction de la longueur de l'exposé.

Selon le genre de présentation, vos remarques préliminaires peuvent être :

Pour annoncer une décision :

● *Le but de mon intervention est de vous donner les raisons principales qui nous ont amenés à prendre cette décision.*

● *La direction a décidé de ... Je voudrais, très brièvement, faire l'historique de cette décision et donner les diverses raisons qui nous y ont conduits.*

Pour ouvrir un débat, vous pouvez commencer par :

● *J'aimerais évoquer les principaux problèmes qui se posent dans le projet actuel.*

● *Je voudrais donner au Comité une vue claire et précise de la situation actuelle.*

● *Je vais vous présenter les principales solutions qui s'offrent à nous pour que nous puissions les discuter dans le détail.*

● *Avant de commencer à chercher des alternatives, je pense que nous devrions faire une pause et examiner les avantages et les désavantages/les pour et les contre/les mérites et les inconvénients de la proposition dans sa forme actuelle.*

Pour un rapport plus long et plus formel :

● *M. le Président, Mesdames et Messieurs, le rapport sur le budget de cette année est, par la force des choses, long et complexe. Je me concentrerai uniquement sur six ou sept points importants. D'abord et avant tout...*

Chapter 2

Reporting

When giving a report, a speaker must draw a clear distinction in his or her own mind between simply reporting facts, commenting on them or interpreting them. Sometimes it will be a question of your role. If you are asked to give an objective account of the problems, you may be going beyond your limit if you give your view on how to solve them. At other times, you must observe the stage you are at in decision-making. During a meeting stating the facts objectively, or defining the problem accurately and identifying the cause of the problem is usually the initial phase. Analysis follows and only then can proposals be discussed and decisions taken on an implementation process.

Although it is difficult to remove all traces of subjectivity from remarks, if you are required to give a straightforward report you should aim to do so as concisely and objectively as possible.

Reporting on a previous meeting

You may have to summarize what happened at a previous meeting. In this case you may begin :

Chapitre 2

Faire un rapport

En faisant un rapport, celui qui a la parole doit faire une distinction bien nette entre rapporter des faits, les commenter ou les interpréter. Tout dépend parfois de votre rôle. Si on vous demande une présentation objective des problèmes, vous risquez d'aller trop loin en donnant votre avis sur la façon de les résoudre. En d'autres occasions, il faudra tenir compte du stade atteint dans le processus décisionnel. Normalement, l'exposé objectif des faits, la définition exacte du problème ou l'identification des causes constituent la phase initiale de la réunion. L'analyse vient ensuite et ce n'est qu'à ce moment-là qu'on peut discuter les propositions et prendre des décisions sur le processus à mettre en œuvre.

Même s'il est difficile d'éliminer toute trace de subjectivité de vos remarques, si on vous demande un rapport simple et précis, vous devez être le plus concis et le plus objectif possible.

Rapport sur une réunion antérieure

Vous aurez peut-être à faire le résumé d'une réunion antérieure. Dans ce cas, vous pourriez commencer ainsi :

- *The main points raised during the meeting were...*

- *In brief/in short/very briefly what came out of the meeting was that no one is willing to go ahead with the plan before they have seen the conclusions and recommendations of the final report.*
- *The gist of it was that action should be taken immediately to curb any further extension of the problem.*
- *What emerged from the meeting was that there is little common ground so far.*

To conclude a short report, you may close :

- *I think I've covered the main points.*
- *Those were the salient points/the main conclusions.*

Reporting a speech, a report, a law

- *The main thrust of his remarks was that we should have to accept the full implications and obligations of the decision.*

- *The main thrust of the bill would, in fact, make hostile takeovers easier.*
- *The central point his report made was that there had been under-utilisation of certain budget allocations.*

Reporting what someone has said

When reporting what someone actually said, you can vary the reporting verbs as follows :

Statements

- *Mr. Smith said/stated/affirmed/asserted that the deadline was...*

● *Les principaux points soulevés au cours de la réunion étaient...*

● *En bref/Très brièvement, il ressort de la réunion que personne n'est prêt à aller plus loin dans ce projet avant d'avoir vu les conclusions et les recommandations du rapport final.*

● *L'essentiel était qu'il fallait prendre des mesures immédiates pour éviter toute aggravation du problème.*

● *La conclusion à tirer de la réunion était qu'il y avait, jusqu'à présent, peu de points de convergence.*

Pour terminer un rapport bref :

● *Je pense avoir couvert les points essentiels.*

● *Voilà les points importants./Voilà les conclusions essentielles.*

Pour résumer un discours, un rapport, un texte de loi

● *Le point capital de ses remarques était que nous devons accepter toutes les implications et les obligations découlant de cette décision.*

● *L'effet majeur de cette loi serait de faciliter les O.P.A. (offre publique d'achat) sauvages/hostiles.*

● *Le point central de son rapport était que certains crédits budgétaires n'avaient pas été pleinement utilisés.*

Pour rapporter les paroles de quelqu'un

Pour reprendre ce qui a été dit, vous pouvez varier les verbes introductifs :

Déclarations

● *M. Smith a dit/déclaré/affirmé/assuré que la date limite était...*

Confirmations/reiterations

- *Mr. James confirmed that the decision was already taken.*
- *Mrs. Park reiterated her view/said once again that John was not the best candidate for the job.*
- *John re-affirmed that it was not a wise decision.*

Indications

- *Mrs. Wood indicated/pointed out/drew attention to the fact that the cost would be higher than we had initially expected.*

Discussion

- *He raised the over-capacity issue.*
- *They discussed the question of market access.*
- *She addressed the specific problem of planning permission.*

Insistence

- *Mrs. Kronel made it quite clear/insisted/stressed/underlined/ was quite adamant that she would not come down on/reduce the price.*

Pressure

- *She pressed/strongly urged/pushed us to adopt her line.*

Confirmations/réaffirmations

- *M. James a confirmé que la décision était déjà prise.*
- *Mme Park a réaffirmé/a déclaré une fois de plus, qu'à son avis, John n'était pas le meilleur candidat pour ce poste.*
- *John a soutenu une fois de plus que ce n'était pas une décision sage.*

Indications

- *Mme Wood a indiqué/a fait remarquer/a signalé/a attiré l'attention sur le fait que les coûts seraient plus élevés qu'on ne l'avait initialement prévu.*

Discussion

- *Il a soulevé la question de la surcapacité.*
- *Ils ont discuté le problème de l'accès au marché.*
- *Elle a posé/abordé le problème spécifique de l'autorisation de planification.*

Insistance

- *Mme Kronel a exprimé clairement/a souligné/qu'elle ne baisserait pas son prix. Elle n'a laissé aucun doute/a insisté/a été catégorique sur ce point.*

Faire pression

- *Elle nous a incités/nous a invités vivement/nous a poussés à adopter son approche.*

Agreement/disagreement

● *Mr. Dellan consented to/agreed to reconsider the terms of the contract.*

● *Mrs. Sawyer refused/declined to comment on the financial implications.*

Proposals

● *Mr. Ralourme proposed/suggested/recommended that we look into the possibility of obtaining credit from an alternative source.*

Requests/demands

● *He demanded that we look into the question.*

● *She called upon/on the members of the committee to give more thought to the long-term effects of the decision they were about to take.*

● *She called for increased funding for research.*

Reporting impressions

Sometimes things are not stated clearly. If you are sure the speaker intended you to believe something, you can make this clear:

● *John hinted/intimated that the meeting might not take place after all.*

● *John dropped a hint that there might be something in the pipeline for us.*

● *Jane seemed to think that it was all rather nebulous/a lot of hot air (informal).*

Accord/désaccord

● *M. Dellan a consenti/s'est déclaré prêt à reconsidérer les termes du contrat.*

● *Mme Sawyer a refusé/a dit qu'elle n'était pas disposée à commenter les implications financières.*

Propositions

● *M. Ralourme a proposé/a suggéré/recommandé/préconisé que nous examinions la possibilité d'obtenir le crédit par une voie différente.*

Demandes/exigences

● *Il a exigé qu'on examine la question.*

● *Elle a invité les membres du comité à examiner, dans le détail, les effets à long terme de la décision qu'ils s'apprêtaient à prendre.*

● *Elle a lancé un appel pour qu'on accorde plus de moyens à la recherche.*

Rapporter des impressions

Il arrive que des choses ne soient pas énoncées de façon tout à fait précise. Si vous êtes sûr que l'orateur voulait laisser entendre quelque chose, vous pouvez l'indiquer ainsi :

● *John a laissé entendre/a laissé entrevoir que la réunion, fnalement, pourrait ne pas avoir lieu.*

● *John a laissé entendre/a sous-entendu que quelque chose pourrait être en train de se faire.*

● *Jane avait l'air de penser que tout ceci était assez flou/ n'était que du vent (informel).*

Distancing yourself from facts you are reporting

If you wish to distance yourself from the facts you are presenting, either because you disagree with the opinion expressed or because you do not want to be quoted as having held the same view, you can say:

● *Mr. Smithson claimed that our rivals are in serious financial difficulties.*

You can also avoid mentioning the author of remarks by using a passive construction:

● *Our rivals are said/reported/rumoured to be in financial difficulties.*

or, alternatively, use "apparently" or "reportedly":

● *Reportedly/apparently they are going to be forced to retrench/ cut back if the current downward trend continues.*

For more serious accusations use "allege" or "allegedly":

● *He alleged that they had committed several misdemeanours.*
● *Allegedly he was involved in some shady deals.*

The implication here is that someone else has made these allegations. You personally take no responsibility for them. But, a word of caution here: you could be accused of rumour mongering or disinformation.

Ne pas reprendre à votre compte
ce que vous êtes en train de rapporter

Si vous voulez marquer une certaine distance par rapport à ce que vous avez à rapporter, soit parce que vous ne partagez pas l'opinion exprimée, soit parce que vous ne voulez pas qu'on pense que vous la partagez, vous pouvez vous exprimer ainsi :

● *M. Smithson a prétendu que nos concurrents avaient de sérieux problèmes financiers.*

Vous pouvez aussi éviter de nommer l'auteur d'une remarque en vous servant de la forme impersonnelle * :

● *On dit/on rapporte/les bruits qui courent disent/les rumeurs qui circulent disent que nos concurrents ont des difficultés financières.*

ou bien en utilisant : « A ce qu'on dit », « apparemment » :

● *A ce qu'on dit/apparemment, ils devraient être forcés de se replier si la tendance à la baisse qui prévaut en ce moment devait se poursuivre.*

Pour des allégations plus sérieuses, on utilise « prétendre » :

● *Il a prétendu qu'ils avaient commis plusieurs infractions.*

● *On prétend qu'il a été impliqué dans plusieurs affaires douteuses/louches (informel).*

De telles tournures impliquent qu'il s'agit là d'allégations faites par une tierce personne, vous n'êtes donc pas engagé personnellement, mais faites attention, on pourrait également vous reprocher de propager des rumeurs ou vous accuser de désinformation.

---

* Le passif est souvent remplacé par « on » en français.

Chapter 3

Citing facts
and figures

Very frequently, people taking part in meetings are required to present data. Visual aids (video, slides, overhead projector, flipchart or whiteboard, handouts presenting tables, diagrams, graphs, pie charts, bar charts, flowcharts, etc.) will greatly enhance understanding and will increase the amount of information listeners can retain.

When referring to visual aids, highlight the interesting points in the data you are presenting:

● *If we look at/turn to table 3, we are immediately struck by the disparity between the first and the fourth column.*

● *It is worth noting/it is interesting to note that there has been a dramatic increase/rise in inflation over the last three months.*

● *What is essential to note here is the rapid fall/drop/decrease in the cost of our overheads in the last quarter.*

● *I would draw your attention here to the figures for the period 1985-1990 which highlight the impact our new policy has had.*

Citer des faits
et des chiffres

Très souvent, dans une réunion il faut présenter des données. Dans ce cas, des supports visuels (vidéo, diapositives, projecteurs, tableaux de toutes sortes, documents de séance comportant des tabelles, des diagrammes, des « tartes », des colonnes, des courbes etc.) seront une aide précieuse pour faciliter la compréhension et pour augmenter la quantité d'informations que pourront retenir les auditeurs.

Quand vous utilisez des moyens visuels, il convient de mettre en évidence l'intérêt des données que vous présentez :

● *Si vous regardez/si vous passez au tableau n° 3, vous êtes immédiatement frappé par la disparité entre la première et la quatrième colonne.*

● *Cela vaut la peine/il est important/il est intéressant de noter l'augmentation dramatique de l'inflation au cours des trois derniers mois.*

● *Ce qu'il faut remarquer avant tout ici, c'est la chute/la baisse/la diminution du coût de nos frais généraux au cours du dernier trimestre.*

● *Ici, je voudrais attirer votre attention sur les chiffres de la période 1985-1990 qui font ressortir les effets de notre nouvelle politique.*

In describing movement and variation, be as accurate as possible in the choice of your terms :

- *The volume of sales was up/down 35 per cent.*
- *The branch has reported an 11 per cent fall in the number of visitors.*

- *Prices have risen steeply/dramatically/steadily.*

- *Prices have peaked/plateaued.*
- *Demand has dropped dramatically/plunged.*
- *Oil prices have fluctuated/varied.*
- *Supply has levelled off/stabilised.*

In order to give a general view of things, say :

- *The global picture is bleak/dull/dreary.*
- *The global picture is bright/encouraging.*
- *The situation for the first six months has been outstanding/ excellent/good/fair/satisfactory/above average/below average/bad/ abysmal/disastrous/catastrophic.*

- *The company enjoyed a profit.*
- *The company suffered a loss.*

To describe a very bleak situation, you may need to say :

- *They have written off 1991 as a disappointing year, esti- mating a 30 per cent drop in profits.*

or worse still,

- *The number of enterprises going bankrupt/going into recei- vership/going into liquidation has reached its highest level since the 1973 oil crisis.*

Pour illustrer des mouvements et des variations, il faut être aussi précis que possible dans le choix de vos termes :

● *Le volume des ventes a augmenté/diminué de 35 %.*

● *La succursale a enregistré une baisse de 11 % du nombre de visiteurs.*

● *Les prix ont augmenté de façon galopante/brutale/ régulière.*

● *Les prix ont atteint un sommet/sont restés stationnaires.*

● *La demande a diminué/a chuté d'une manière dramatique.*

● *Le prix de l'essence a été fluctuant/a varié.*

● *Les fournitures ont atteint un niveau stable/se sont stabilisées.*

Pour donner une impression générale, dites :

● *Globalement, les perspectives sont ternes/moroses/sombres.*

● *L'impression générale est très satisfaisante/encourageante.*

● *La situation, pour les trois premiers mois, a été exceptionnelle/excellente/bonne/acceptable/satisfaisante/au-dessus de la moyenne/moins bonne que d'habitude/mauvaise/lamentable/désastreuse/catastrophique.*

● *La société a enregistré des bénéfices.*

● *La société a subi des pertes.*

Pour décrire une situation très morose, vous pouvez dire :

● *Ils ont classé l'année 1991 comme une année décevante, prévoyant à 30 % la baisse des bénéfices.*

ou bien, pire encore :

● *Le nombre d'entreprises en faillite/en administration judiciaire/en liquidation a atteint le niveau le plus élevé depuis la crise du pétrole de 1973.*

In contrast, you may be the bearer of good tidings :

- *Profits reached a record high.*
- *A six month reduction in our product development cycle has increased lifetime profits ten-fold.*

To emphasize a particularly important point, try to repeat the same message in another way. You thereby double the chances of the information being retained by your audience :

- *27 per cent of France's total tax revenues came from employers' social security contributions as against 9.5 per cent in the UK, that is to say, proportionally almost three times more in the case of France.*

En revanche, si vous êtes le porteur de bonnes nouvelles :

● *Les bénéfices ont atteint un niveau record.*

● *En réduisant de six mois le cycle de développement de notre produit, nous avons multiplié par dix/décuplé la durée des bénéfices.*

Pour souligner l'importance d'un point particulier, on peut reprendre le même message sous une forme différente. Vous aurez deux fois plus de chances que vos auditeurs retiennent l'information en question :

● *27 % du revenu fiscal de la France provenaient des contributions payées par les employeurs à la sécurité sociale, tandis qu'au Royaume-Uni, on atteint seulement 9,5 %, on a donc proportionnellement presque trois fois plus dans le cas de la France.*

Chapter 4

Referring
to legal documents

Usually in meetings there is some kind of legal base behind decision-making. You may have to refer to contracts, legislation, legal decisions or legal principles:

- *I would cite in this connection article 17 on..., which lays down that...*
- *I feel it is appropriate to invoke the principle of legal certainty here.*

When relating to the content of legal documents, you use specific verbs, such as: stipulate/lay down/set out/provide in the following way:

- *The contract clearly stipulates that there can be only one tenant.*
- *The provisions lay down that...*
- *The directives provide that...*
- *Article 33 sets out/defines the conditions which have to be met/the cases in which a tenant may sub-let.*
- *The law provides for a certain degree of flexibility here.*

You may need to point to a particular clause or phrase:

Chapitre 4

Se référer
à des textes juridiques

Normalement dans une réunion, les décisions sont fondées, d'une façon ou d'une autre, sur une base juridique. Ainsi, il se peut que vous ayez à faire référence à des contrats, des législations, des décisions ou des principes juridiques :

● *Dans ce contexte, je voudrais vous renvoyer à l'article 17 concernant... et qui stipule que...*

● *Je pense qu'ici, il convient d'invoquer le principe de la sécurité juridique.*

Pour invoquer le contenu d'un texte juridique, employez des verbes spécifiques comme : stipuler/préciser/prévoir/établir :

● *Dans le contrat, il est clairement stipulé qu'il ne pourra y avoir qu'un seul locataire.*

● *Les dispositions établissent que...*

● *Selon les directives, il est prévu que...*

● *L'article 33 établit/fixe les conditions qui doivent être remplies/les cas dans lesquels un locataire est autorisé à sous-louer.*

● *La loi a prévu une certaine souplesse dans ce cas.*

Eventuellement, vous devrez vous référer à une clause ou à une phrase particulière :

- *The first clause/the wording of the directive provides member states with several alternatives.*

- *It goes without saying that the fullest attention will be paid to hedge/safeguard clauses and to the fine print.*

When you want to indicate that certain rules or conditions apply, you can put it as follows:

- *The agreement falls within article 60.*

- *The one-year rule is applicable here.*

- *The case is covered by article 29.*

- *Under existing legislation/under article 103/under the terms of the contract, if two companies were to merge, a wide range of tax liabilities could arise.*

- *Although there is no direct reference to this specific case, I believe it fully complies with the spirit of article 49.*

It may be necessary to recall a precedent in the form of a court decision/ruling/judgment:

- *A ruling/finding of infringement was made in a similar case.*

- *The court held/ruled/found that there was no infringement/breach of article 12.*

- *The court dismissed/rejected the application as unfounded.*

- *Mr. Smith was acquitted of insider dealing and money laundering.*

- *Mr. X was found guilty/convicted of fraud.*

● *Selon la première clause/les termes de la directive, les Etats-membres ont plusieurs alternatives à leur disposition.*

● *Il va sans dire que nous allons examiner avec la plus grande attention les clauses de sauvegarde et les petits caractères.*

Pour indiquer que certains règles sont d'application :

● *L'accord tombe sous les dispositions de l'article 60.*

● *La règle annuelle est applicable ici.*

● *Ce cas est régi par l'article 29.*

● *Selon la législation existante/l'article 103/les termes du contrat/la fusion de deux sociétés peut engendrer des obligations fiscales très diverses.*

● *Bien qu'il n'y ait aucune référence directe à ce cas spécifique, je suis convaincu qu'il est tout à fait conforme à l'esprit de l'article 49.*

Parfois il sera nécessaire de renvoyer à un précédent sous forme d'un arrêt/d'une décision/d'un jugement prononcé par un tribunal :

● *Dans un cas similaire, il y a eu un constat d'infraction/ un arrêt constatant l'infraction.*

● *Selon l'arrêt/l'ordonnance/la décision de la cour, il n'y avait pas d'infraction à l'article/de violation de l'article 12.*

● *La cour a refusé/rejeté la demande comme non fondée.*

● *M. Smith, inculpé de délit d'initié et de blanchiment d'argent, a été acquitté.*

● *M. X a été jugé coupable de fraude.*

Chapter 5

Analyzing

While we are still at the fact finding stage of a meeting, another skill meeting participants must display is analysis. It is important to be able to present succinctly and accurately not only the facts themselves (the what), but also the process (the how) and the causes and effects (the why).

A process or a sequence is often best illustrated by a flow chart, such as the one below on the effects of EC market integration.

This can be described as follows:

CAUSE

• *The removal of non-tariff barriers favours/encourages, increases/heightens competitive pressures.*
• *Competitive pressures trigger/bring about restructuring.*

• *Inter and intra industry adjustment will lead to/produce economies of scale.*

Chapitre 5

Faire des analyses

Quand, dans une réunion, il faut établir les faits, les participants doivent faire preuve d'esprit d'analyse. Il est important d'être capable de présenter d'une manière succincte et précise non seulement les faits eux-mêmes (de quoi s'agit-il ?), mais aussi le processus (le comment), les causes et les effets (le pourquoi).

Très souvent, le diagramme reste le meilleur moyen d'illustrer un processus ou une séquence, comme nous pouvons le voir dans l'exemple ci-dessous concernant les effets de l'intégration sur les marchés de la C.E.

On peut l'expliquer ainsi :

CAUSE

● *La suppression des barrières non-tarifaires favorise/encourage/intensifie/augmente/la pression de la concurrence.*

● *Les contraintes de la concurrence déclenchent/provoquent des restructurations.*

● *Des ajustements à l'intérieur et entre les branches de l'industrie vont engendrer/produire des économies d'échelle.*

Integration and the effects of size of markets : schematic presentation

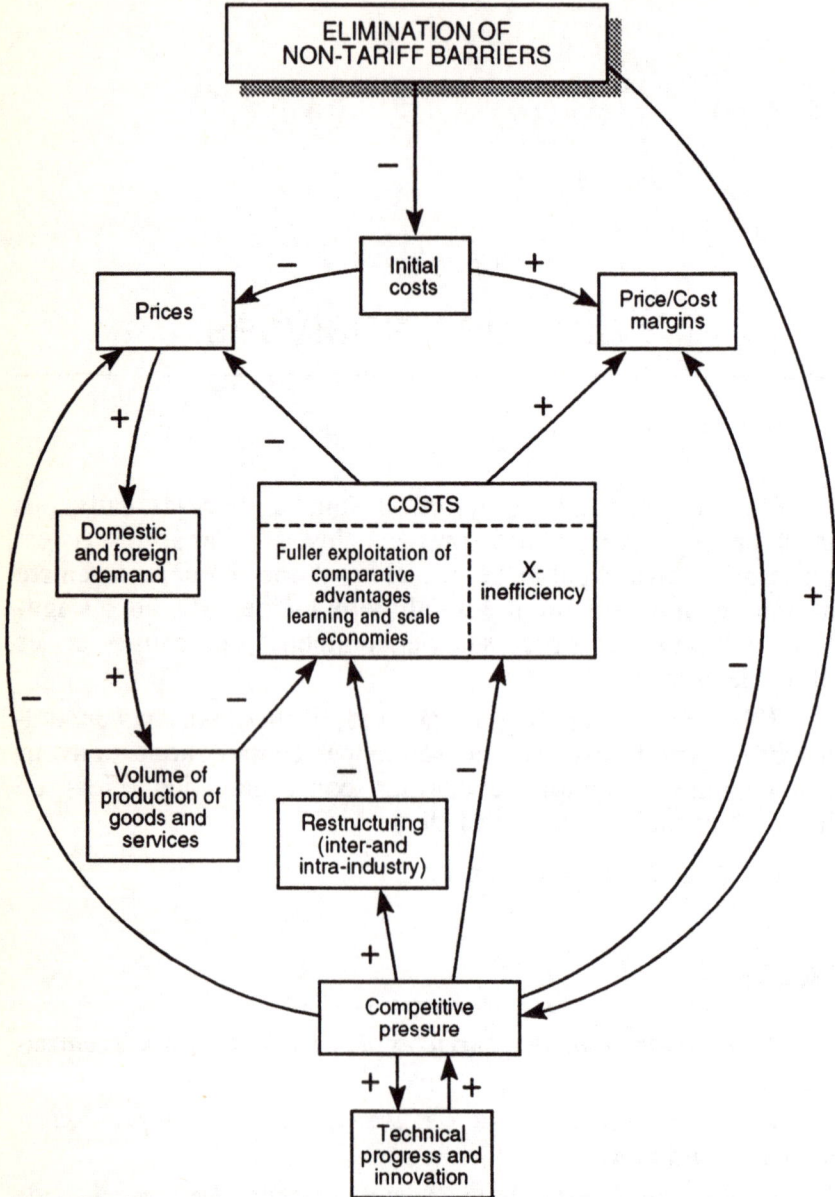

Note : The sign "+" indicates an increase.
The sign "–" indicates a reduction.

Source : *EUROPEAN ECONOMY* N° 35. mars 1988. CEC.

**Représentation des effets micro-économiques engendrés
par l'intégration des marchés de la communauté**

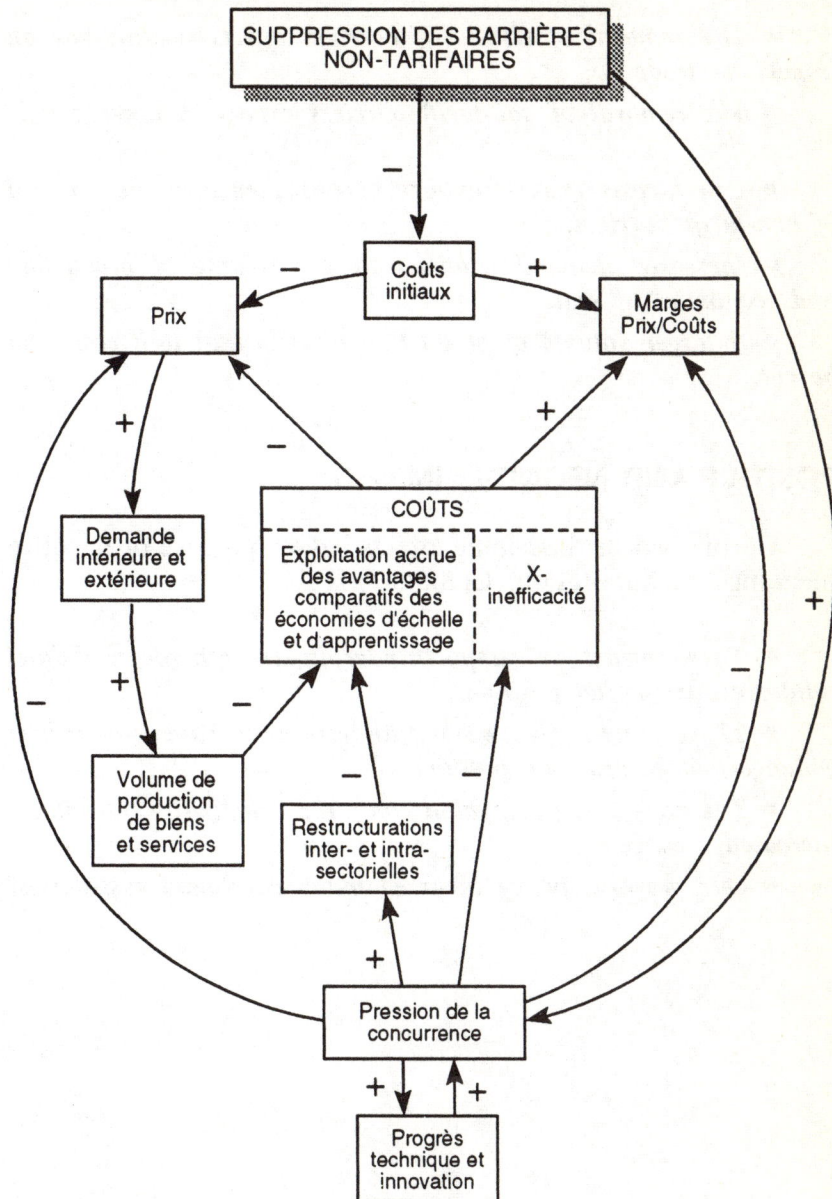

Note : Signe + = augmentation
        Signe − = diminution

Source : *EUROPEAN ECONOMY* N° 35, mars 1988. CEC.

CONSEQUENCES

- *The removal of non-tariff barriers affects/modifies/has an impact on trade.*
- *The removal of non-tariff barriers results in lower costs.*

- *Lower costs result from/are a consequence of the removal of non-tariff barriers.*
- *Increased demand entails a larger volume of production and economies of scale.*
- *A larger volume of production ensures that unit costs can be cut.*

POSITIVE AND NEGATIVE IMPACT

Certain words describing effects have a positive or negative meaning or connotation. Compare :

- *These measures support/underpin/strengthen/consolidate/ reinforce our market position.*
- *These measures weaken/undermine/threaten/jeopardize/ endanger/put at risk our position.*
- *The advertising campaign conferred competitive advantage/ increased prestige.*
- *Our previous policy incurred many additional costs/losses.*

EFFETS

● *L'élimination des barrières non-tarifaires affecte/modifie/a des répercussions sur/les échanges.*

● *L'élimination des barrières non-tarifaires a pour résultat une diminution des coûts.*

● *Des coûts moins élevés résultent/sont une conséquence de la suppression des barrières non-tarifaires.*

● *L'augmentation de la demande entraîne un volume plus large de la production et des économies d'échelle.*

● *Un volume plus large de la production permet de réduire les prix unitaires.*

IMPACT POSITIF ET NÉGATIF

Certains mots qui servent à décrire les effets peuvent avoir un sens ou une connotation positive ou négative. Comparez :

● *Ces mesures aident/soutiennent/renforcent/consolident/fortifient notre position sur le marché.*

● *Ces mesures affaiblissent/sapent/menacent/mettent en péril/ compromettent/représentent un risque pour/notre position.*

● *La campagne publicitaire a apporté des avantages concurrentiels/a augmenté le prestige.*

● *Notre politique antérieure a entraîné bon nombre de dépenses/de pertes supplémentaires.*

Forecasting

On the basis of your analysis of the situation, you will be able to forecast coming events. In a fast-changing world, it is essential for decision makers to keep an eye on the future.

Global view

To convey the general impression that a situation gives about the way it is going to develop, you can say:

● *The outlook is bright/rosy/encouraging, or: bleak/dreary/ gloomy.*

● *I feel that things will turn out right/well for us.*

● *I feel that things will turn out wrong/badly for them.*

Predicting with conviction

When there are strong grounds for predicting an event, you can make this clear:

● *The outcome of the election is a foregone conclusion.*

Chapitre 6
Faire des prévisions

Sur la base de votre analyse de la situation, vous serez en mesure de faire des pronostics. Dans un monde en évolution permanente, les responsables des décisions à prendre doivent avoir sans cesse l'esprit tourné vers le futur.

Vue globale

Pour donner votre impression générale sur l'évolution probable d'une situation, vous pouvez dire :

● *Les perspectives sont bonnes/prometteuses/encourageantes, ou : moroses/mornes/sombres.*

● *J'ai la conviction que la situation va évoluer favorablement/ en notre faveur.*

● *J'ai le pressentiment que les choses vont mal tourner/ évolueront en leur défaveur.*

Pronostiquer avec certitude

Si vous avez de fortes raisons pour prédire un événement, vous pouvez l'exprimer ainsi :

● *Le résultat de l'élection est acquis d'avance.*

- *The deal is in the bag. (informal)*
- *It's a dead cert. (informal English for "it is absolutely certain")*
- *The project is bound/sure/certain to be a great success.*
- *There is absolutely no doubt (in my mind) that this solution will work.*
- *There is every likelihood that these measures will double profit margins.*

Forecasting can be a time to give sound advice

- *We shall need to watch the exchange rate very closely.*
- *It will be essential to keep an eye on production costs.*

- *We shall have to act quickly to counter adverse reactions.*

- *We stand to make great savings here, if we take action immediately.*
- *If we do not take this opportunity, we stand to lose our good name/reputation/credibility.*

Predicting with a reasonable degree of certainty

When things are not quite so clear-cut but there are still good indicators of how events will turn out, you can put it as follows:

- *It looks as if we shall have a new chairman soon.*
- *It looks as if the market price is going to drop dramatically/in the next two months.*
- *This could well turn out to be our best selling product.*

- *Tomorrow's consumer is likely to be more sophisticated/ concerned when it comes to "green" issues.*
- *We are likely to win the election.*

- *C'est dans la poche. (informel)*
- *Ça ne fera pas un pli. (français familier pour dire que quelque chose est absolument certain)*
- *Il est évident/sûr/certain que le projet sera un grand succès.*
- *(Pour moi), il n'y a absolument aucun doute, cette solution marchera.*
- *Selon toute vraisemblance/tout porte à croire que nous doublerons les marges bénéficiaires grâce à ces mesures.*

Les pronostics peuvent être l'occasion de donner de bons conseils

- *Nous devrons surveiller très attentivement les taux de change.*
- *Il sera d'une importance capitale de surveiller les coûts de production.*
- *Il nous faudra agir vite pour contrecarrer les réactions adverses.*
- *Nous avons la possibilité de faire de grandes économies si nous agissons sans tarder.*
- *Si nous ne profitons pas de cette occasion, nous risquons de perdre notre réputation/notre crédibilité.*

Faire des pronostics avec une conviction relative

Quand la situation est un peu moins claire, mais présente néanmoins des indicateurs assez fiables qui permettent de se faire une opinion sur l'évolution probable :

- *Il semble que nous aurons bientôt un nouveau président.*
- *Il est probable que le prix du marché va chuter brutalement, dans les deux mois qui viennent.*
- *Il pourrait s'avérer que ce soit notre produit qui se vende le mieux.*
- *Le consommateur de demain risque d'être bien plus averti en ce qui concerne les préoccupations écologiques.*
- *Nous avons de bonnes chances de gagner les élections.*

- *The incidence of tax evasion will certainly increase.*
- *Returns on this investment are expected to be good.*

Predicting with caution

In some cases it is wise to couch a forecast in more cautious terms :

- *There is a slim chance that import restrictions will be imposed.*
- *It seems safe to say that the number of management buy-outs will increase.*
- *It's difficult to be certain at this stage, but I don't see why it shouldn't be possible to meet the requirements/specifications/ deadline.*

Predicting the unpredictable

Obviously in this situation the best policy may be to remain silent. What you can say, of course, is :

- *No one knows what chance the Bill has of becoming law.*

- *Opinions differ on this.*
- *There is a lot of speculation about the starting price/as to whether they will sell.*
- *There is no way of knowing for sure, but some experts have suggested that...*
- *There's no way we can tell at this stage, but it has been suggested that...*

If pressed further, you might reply as a last resort :

- *Only time will tell, I'm afraid.*

● *Les cas d'évasion fiscale vont sûrement se multiplier.*

● *On s'attend à ce que le rendement de cet investissement soit bon.*

Pronostiquer avec prudence

Il sera parfois sage de donner une tournure plus prudente à vos prédictions :

● *Il y a peu de chances que l'on impose des restrictions à l'importation.*

● *On peut dire sans se tromper que le nombre de rachats par l'entreprise va augmenter.*

● *C'est difficile à dire à ce stade, mais je ne vois pas ce qui empêche de satisfaire leurs exigences/respecter les délais.*

Prédire l'imprévisible

Bien évidemment, le plus sage dans cette situation est de ne rien dire. Mais vous pouvez toujours risquer :

● *Personne ne sait quelles sont les chances de voir adopter ce projet de loi.*

● *Les opinions divergent sur ce sujet.*

● *Il y a énormément de spéculations quant au prix de départ/ sur la question de savoir s'ils vont se vendre.*

● *Il n'y a aucun moyen de savoir avec certitude, mais des experts ont suggéré que... »*

● *Il est impossible de dire quoi que ce soit au stade actuel, mais il a été suggéré que...*

Si on insiste encore, vous pourrez répondre en dernier ressort :

● *Malheureusement, seul l'avenir nous le dira.*

Chapter 7

Commenting

Overt comments

As was seen previously, it is difficult to give a presentation of the facts without a comment or an interpretation. Sometimes you are required to give your own view of the situation. If you wish to make it clear that your comments reflect your personal opinion, you can state this openly:

● *I should like to give my personal view/analysis of the situation.*

● *My comments are those of a layman and tax payer not a tax expert.*

● *I would like to make it clear that I speak only for myself. In no way should my remarks be attributed to the company/body I represent.*

Many expressions underline the fact that you are giving a personal view:

● *It is my contention that significant reforms have not yet been made.*

● *I also submit/believe that many points of detail need to be addressed before a more comprehensive system would work.*

Chapitre 7

Commenter

Commentaires sans aucune réserve

Comme nous l'avons vu précédemment, il est difficile de présenter des faits sans les commenter ou les interpréter. On vous demandera parfois de donner votre avis personnel. Si vous voulez préciser que ces commentaires reflètent votre opinion personnelle, vous pouvez le dire clairement :

● *J'aimerais donner mon opinion/mon analyse personnelle de la situation.*

● *Mes commentaires sont ceux d'un simple contribuable et non d'un expert en questions fiscales.*

● *Je voudrais d'abord préciser que je parle en mon nom uniquement. Mes remarques, en aucun cas ne pourront engager la société/le groupe que je représente.*

Il existe un grand nombre d'expressions pour souligner le fait que vous émettez un avis personnel :

● *Je prétends que, jusqu'à ce jour, aucune réforme significative n'a été vraiment entreprise.*

● *J'avancerai aussi/ je crois qu'il faut régler un grand nombre de détails avant qu'un système plus complet ne puisse fonctionner.*

● *In my view/opinion, there should be greater uniformity in accounting principles.*

● *My personal view is that nothing will come of this.*

● *Personally, I feel that this situation will not last.*

● *As I see it, we shall need to take on additional staff if we are to meet the deadline.*

If you state your view more tentatively, either because it would be unwise to make a firm commitment or because you are genuinely uncertain of your facts, make this known:

● *As far as I'm able to judge, this would be the best solution.*

● *As far as I know, there are no other products on the market to match this one as regards energy-saving.*

● *To the best of my knowledge, there are no empirical studies which establish, beyond doubt, the case for...*

You may wish to make an unofficial comment. If you do not want to go down on record as saying something, introduce your remark with "Strictly off the record":

● *Strictly off the record, I'd say the man is not genuinely interested.*

● *Don't quote me on this, but this could be their last chance to establish themselves as serious rivals (informal).*

If you are attending a meeting as a delegate or a representative, you will obviously indicate that your comments reflect the view of the body you stand for:

● *Speaking for the Sales Department, the idea is a non-starter (informal).*

● *We on the shop floor believe that this could easily be implemented.*

● *My department feels that if we go ahead with this project, we could run into a lot of trouble (informal).*

- *A mon avis/quant à moi, il faudrait une plus grande uniformité dans les principes de comptabilité.*

- *En ce qui me concerne, je pense que cela ne mènera à rien.*

- *Personnellement, je crois que cette situation ne vas pas durer.*

- *Comme je vois les choses, nous aurons besoin d'engager du personnel supplémentaire si nous voulons respecter les délais.*

Si vous voulez être plus circonspect dans votre avis, soit parce qu'il serait imprudent de s'engager à fond, soit parce que vous n'êtes vraiment pas sûr des faits que vous avancez, dites-le :

- *Dans la mesure où je peux en juger, cela serait la meilleure solution.*

- *Pour autant que je sache, il n'y pas d'autre produit sur le marché qui soit aussi efficace sur le plan de l'économie d'énergie.*

- *A ma connaissance, il n'y a aucune étude empirique qui plaiderait, sans aucun doute possible, pour/en faveur de...*

Il peut vous arriver de vouloir faire un commentaire non officiel. Si vous ne voulez pas que cela soit consigné au procès-verbal, prévenez que cela doit rester « entre nous » :

- *Je dirais que cet homme n'est pas vraiment intéressé, mais il faut absolument que cela reste entre nous.*

- *Surtout ne me citez pas, mais il se peut que ce soit leur dernière chance de se présenter comme des rivaux sérieux (informel).*

Si vous participez à une réunion en tant que délégué ou représentant, vous devez évidemment indiquer que vos remarques reflètent le point de vue du groupe en question :

- *De l'avis du service des ventes, cette idée n'est pas porteuse.*

- *A l'atelier, nous croyons que cela serait facile à appliquer.*

- *Dans mon service, on pense qu'on va au-devant de bien des ennuis si on s'engage dans ce projet.*

● *It is the view of the Marketing Department that this project will never get off the ground.*

● *Speaking on behalf of the Consumers' Association, I would endorse the view held by the first speaker.*

● *I speak on behalf of the R&D Committe. We are fully in favour.*

More covert comments

Sometimes, perhaps for tactical reasons, you may prefer not to comment in such a direct way. In that case, it is very easy to put a discreet slant on a statement. One word can suffice. If we add the word "arguably" to a statement, we no longer take the statement at its face value but we cast the shadow of a doubt upon it:

● *Arguably, the difficulties were exacerbated by the fact that we did not act early enough.*

Similarly:

● *Regrettably, this was the decision taken.*

This implies that you consider that it was a bad decision.

● *Understandably, he decided to close down the company.*

means that you understand why the decision was taken.

● *Admittedly, this was not the best way to handle the matter, but it was the only option open to them at the time.*

Here you convey that you perhaps have some sympathy for those who took the action even if it was not the best course/option.

● *Clearly, the nature of liabilities varies from country to country.*

« Clearly » indicates that you consider this to be self-evident, and therefore that it requires no further proof.

● *Mrs. Jones rightly/wisely pointed to the need for changes.*

● *Le service marketing est convaincu que ce projet ne verra jamais le jour.*

● *En tant que représentant de l'Association des Consommateurs, je reprendrai à mon compte les propos tenus par le premier orateur.*

● *Je parle ici au nom du comité R&D. Nous sommes tout à fait favorables.*

Commentaires prudents

Il vous arrive parfois, sans doute pour des raisons de tactique, de vous exprimer de manière moins directe. Dans ce cas, il est très facile de glisser des nuances dans votre intervention. Un seul mot peut suffire. Ajoutons le mot « éventuellement/peut-être » à une déclaration et elle ne sera plus prise en tant que telle, mais de manière dubitative :

● *Les difficultés ont peut-être été accentuées par une action trop tardive de notre part.*

De même, quand vous dites :

● *Malheureusement, c'est la décision qui a été prise.*

vous impliquez qu'à votre avis, la décision était mauvaise.

● *Il est tout à fait compréhensible qu'il ait décidé de fermer la société.*

vous signalez que vous comprenez pourquoi cette décision a été prise.

● *Admettons que cela n'ait pas été la meilleure façon de traiter cette affaire, mais il n'y avait pas d'autres possibilités à ce moment-là.*

vous montrez une certaine sympathie pour ceux qui ont décidé ainsi, même s'ils n'ont pas trouvé la meilleure des solutions.

● *Evidemment, la nature des engagements, varie d'un pays à l'autre,*

vous indiquez ainsi, qu'à votre avis c'est une évidence et qu'on n'a pas besoin de preuves supplémentaires.

● *Madame Jones a indiqué avec raison/judicieusement le besoin d'un changement,*

This means you support her viewpoint.

Another way to colour a statement is to use emotional words or images. You can use this type of language to underline a key message :

● *It is alarming/heartening to note the general trend towards higher spending.*

● *There is a worrying tendency on the part of most parties involved to put the present difficulties down to bad financial planning.*

● *The results are startling/eye-popping/mind-boggling (informal).*

Now that the information is on the table, it is time for participants to react.

vous montrez que vous partagez ce point de vue.

Une autre façon de nuancer une déclaration consiste à utiliser des mots sensibles ou des images. Vous pouvez utiliser ce type de langage pour souligner un point important :

● *Il est alarmant/réjouissant de constater la tendance générale à augmenter les dépenses.*

● *On constate chez la plupart des parties concernées une tendance inquiétante à expliquer les difficultés actuelles par une mauvaise programmation financière.*

● *Les résultats sont surprenants/stupéfiants/époustouflants (informel).*

Maintenant les informations sont données, c'est aux participants de réagir.

PART II

RESPONDING

Straightforward information meetings call for no response from participants, but in most meetings people will be required to state their views or to ask for points to be clarified. There are many possibilities here. In this part, we are going to try to give as many examples of expressions as possible according to the type of meeting you attend.

Before giving concrete examples, it is worthwhile recalling that what you say must match the way you say it : well-thought out arguments will lose cogency if your enunciation is not clear, calm and confident. In the same way, your objections or dissatisfaction will carry little weight if your voice lacks firmness or determination.

PARTIE II

RÉAGIR

Hormis les réunions purement informatives qui ne visent qu'à informer et qui ne sollicitent aucune réaction de la part de l'assistance, la plupart des réunions appellent des commentaires de la part de l'auditoire soit pour demander des éclaircissements, soit pour indiquer sa position. Là, les possibilités sont multiples. Nous allons essayer dans cette partie de vous donner le plus grand nombre d'exemples possibles en tenant compte du type de réunions dans lequel vous vous trouvez.

Avant de citer des exemples concrets, il est bon de rappeler qu'il doit y avoir concordance entre vos paroles et votre attitude et que des arguments savamment présentés perdent du poids s'ils ne s'accompagnent pas d'une élocution claire, posée, assurée. De même votre opposition ou votre mécontentement ne seront guère pris en compte s'il n'y a aucune trace de fermeté et de détermination dans votre voix.

Very often, the first difficulty, before you express your thoughts clearly, is actually speaking in front of an audience. In informal meetings involving two to four people who know each other, the task is relatively simple and when there is no chair or no one who is clearly in charge, you can simply take the floor as soon as another person has finished speaking. If necessary, you can interrupt with a brief apology. Interrupting someone in order to give your own view is a common occurrence in meetings held in the office of one of the participants. Less concentration is required in such situations.

If you have to speak in a formal setting, the task is all the more difficult when there are a lot of people present and the stakes are high. It often happens that participants suffer from "stage-fright" preventing them from speaking normally, a little like an actor at the start of a performance. This feeling is certainly shared by many participants. Nevertheless, it is a very serious handicap, and some chairmen or colleagues will be quick to notice and to use it to their advantage. Although this apprehension may not disappear altogether, it can be controlled. Trusting your own abilities is the best way to conquer it. If you are well prepared and know the arguments to use, your position will be strengthened. All you will need to do is to polish the manner in which you present them. This is where this book can help you.

Très souvent la première difficulté, avant d'exprimer clairement sa pensée est de prendre la parole en public. Dans les réunions informelles, à deux ou à quatre, quand on se connaît bien, la tâche est assez simple et, dans le cas où il n'y pas vraiment de président de séance ou d'autorité évidente de la part de l'un des participants, on profite simplement de la fin d'une intervention pour enchaîner. Si c'est nécessaire, on coupe même la parole, après quelques brefs mots d'excuses. Interrompre quelqu'un pour donner son avis est chose courante dans les réunions qui se passent dans le bureau de l'un des protagonistes et ne nécessite pas une si grande concentration.

S'il faut intervenir dans une réunion formelle, la tâche devient d'autant plus ardue que l'assistance est nombreuse et l'enjeu important. En effet, on est souvent victime d'une angoisse qui vous empêche de parler et d'agir normalement, un peu comme un acteur avant d'entrer en scène. Cette attitude est certainement commune à beaucoup de participants, il n'en reste pas moins qu'elle constitue un sérieux handicap et certains présidents de séance ou collègues auront vite fait de le remarquer et parfois de l'exploiter. Si cette appréhension ne disparaît jamait tout à fait, elle peut s'atténuer. La confiance est la meilleure manière de la vaincre. Si vous connaissez bien votre dossier et les arguments à développer, vous avez un bon atout. Reste à peaufiner la façon de les présenter. C'est là que ce livre peut vous être utile.

Chapter 1

How to take
the floor

In very formal meetings, the chair gives the floor, either of his own accord, or because you have asked for it (usually by raising your hand). Generally you begin with a few words of thanks :

- *Mr. Chairman, thank you for giving me the floor* (very formal).
- *I am very pleased to have the opportunity to speak here/ today/on this occasion.*
- *Allow me to begin by thanking you for...*
- *Let me begin by saying how happy I am to be able to take part in this meeting/to have been invited to attend this meeting.*

Or to start off, you can say :

- *I would like to take this opportunity to say...*

- *Since I have the opportunity to express my view, I would like to say that.../I would say first of all...*

Before you get to the heart/crux of the matter :

Chapitre 1

Comment prendre
la parole

Dans les réunions très officielles, le président de séance donne lui-même la parole, soit sur sa propre initiative, soit parce que vous l'avez demandée (le plus souvent en levant la main). On commence généralement par quelques mots de remerciements :

● *M. le président, je vous remercie de me donner la parole (très formel).*

● *Je suis heureux de pouvoir m'exprimer ici/aujourd'hui/à cette occasion.*

● *Je voudrais tout d'abord vous remercier de...*

● *J'aimerais dire tout d'abord que je suis très heureux de pouvoir participer à cette réunion/combien j'apprécie d'avoir été invité à participer à cette réunion.*

ou d'introduction :

● *J'aimerais profiter de l'occasion qui m'est offerte/donnée pour dire...*

● *Puisque j'ai la possibilité de m'exprimer, j'aimerais dire que/je dirai tout d'abord...*

avant d'entrer dans le vif du sujet :

- *I would like to draw your attention to a specific/particular/ an interesting point.*
- *I have a comment to make.*
- *I have a remark to make on the third item/on the figures cited in the report/as regards...*
- *I note that Mrs. Spinoli's report is somewhat ambiguous/ does not take into account...*
- *I'm particularly concerned about one point...*
- *I am seriously worried about the lack of information regarding environmental protection.*
- *I would like to address the problem of...*

If you have a number of points to make, do not forget to structure them:

- *Mr. Chairman, I have several points to make: first of all..., secondly..., thirdly..., and finally...*
- *In the first place, I'd say..., in the second place etc.*

Even if this type of intervention requires an effort on the part of those who dislike speaking in public, the task is facilitated by the fact that you do not need to assert yourself in order to speak: you are given the floor and you then simply make your point.

Things become more complicated, however, if you have to ask for the floor. You must ensure that you make yourself heard and that people listen to what you are saying. You will be heard if you speak in a loud, clear voice, and you will be listened to if your arguments are sound.

Be convincing:

- *Gentlemen, I am obliged to take the floor...*
- *I feel I must come in here. We are totally missing the point.*
- *I feel bound to react to Mr. Leblanc's remarks. The problem is a serious one and he seems to underestimate its importance.*

- *I am sorry, gentlemen, but the Chancellor's recent statement does not say that at all (informal)/express that view at all.*

If you interrupt someone, do so tactfully:

- *Sorry to interrupt you/sorry to butt in (informal), but...*

● *J'aimerais attirer votre attention sur un point précis/particulier/intéressant.*

● *J'ai un commentaire à faire.*

● *J'aimerais faire une remarque sur le point 3/sur les chiffres cités dans ce rapport/en ce qui concerne...*

● *Je remarque que le rapport de Mme Spinoli présente une certaine ambiguïté/ne tient pas compte de...*

● *Un point me préoccupe particulièrement...*

● *Je suis gravement préoccupé par l'absence de renseignements en matière de protection de l'environnement.*

● *Je voudrais me pencher sur un problème ; celui de...*

Si vous désirez intervenir plus longuement, structurez votre pensée :

● *Monsieur le Président, j'ai plusieurs remarques à faire : tout d'abord..., ensuite..., puis..., enfin...*

● *Je dirai en premier lieu..., en deuxième lieu, etc.*

Ce type d'intervention, même s'il représente un effort pour celui qui n'aime pas parler en public, est facilité par le fait que vous n'avez pas à vous imposer pour parler : on vous donne la parole et vous n'avez plus qu'à vous exprimer.

La difficulté est plus grande si vous voulez intervenir de votre propre initiative. Il faut alors savoir se faire entendre puis écouter. On se fait entendre avec une voix forte et posée, on se fait écouter avec une bonne argumentation.

A vous d'être convaincant.

● *Messieurs, je suis obligé d'intervenir...*

● *Je me vois dans l'obligation de réagir, nous nous fourvoyons complètement...*

● *Les propos de Monsieur Leblanc m'obligent à intervenir, il s'agit d'un problème grave dont il semble sous-estimer l'importance.*

● *Pardonnez-moi Messieurs, mais les récentes déclarations du Ministre de l'Economie ne vont pas du tout dans ce sens.*

Si vous coupez la parole à quelqu'un, faites-le avec tact :

● *Pardonnez-moi de vous interrompre, mais...*

- *Hold on/hang on (informal).*
- *I'm afraid I must interrupt you...*

Some remarks or the presentation of questionable evidence may prompt a brisk response :

- *How can you say that ?*
- *There is no proof of that/It's not certain.*
- *There is nothing to prove that this is what will happen/ that things will turn out that way.*

To soften your remarks, you can often use expressions like :

- *It seems to me/I think/I feel/I believe that...*

or shrewdly, "yes, but...", which makes what you have to say more acceptable as you interrupt someone to recognize the worth of his remarks, only to contradict them immediately by putting forward the opposite view.

As was stated at the beginning of this book, time is precious. Brevity is always appreciated. You can indicate your intention to be brief as follows :

- *Ladies and Gentlemen, I'll be brief.*
- *I would just like to say a few words about my project/I would just like to present my project. It will only take a few minutes/Very briefly/Very quickly, I'd like to present my project.*

It is nevertheless true that after having announced their intention to be brief, many speakers get bogged down in the details.

On the other hand, if you know that your speech is going to be a long one, state your reasons :

- *I'm going to have to go through a certain number of facts/ I hope you will bear with me, as the list is rather long.*
- *To give you a full understanding of the dossier, I'll go back over the facts as from 1987.*
- *Without wishing to delay this meeting unduly/any more than is necessary, I feel it would be helpful to recall/restate the different stages of our negotiation.*

Alternatively, you can apologize :

- *Là, je dois vous arrêter.../Je vous arrête... (informel).*
- *Excusez-moi, mais je dois vous interrompre...*

Après certains propos ou l'énoncé de faits contestables, on ne peut s'empêcher de réagir vivement :

- *Comment pouvez-vous dire cela ?*
- *Cela n'est pas prouvé/pas certain.*
- *Rien ne nous prouve que les choses vont évoluer dans ce sens.*

Pour atténuer ses propos, on utilise fréquemment des expressions comme :

- *Il me semble/je pense que/je crois que...*

ou peut-être plus pernicieux, le « oui, mais... » qui rend plus acceptable votre intervention puisque vous coupez la parole pour reconnaître la valeur de ce qui a été dit précédemment même si vous vous empressez de donner une opinion contraire.

Comme nous l'avons vu au début de ce livre, le temps est précieux. Une intervention courte est toujours bien accueillie, faites-le savoir tout de suite :

- *Messieurs, je serai bref.*
- *J'aimerais en quelques mots/en quelques minutes/très brièvement/de façon rapide vous exposer mon projet.*

Il est vrai cependant qu'après avoir annoncé leur désir d'être brefs, beaucoup d'orateurs se perdent dans les détails.

A l'inverse, si vous savez que votre intervention sera longue, donnez-en les raisons :

- *Je vais être contraint d'énumérer un certain nombre de faits/de vous imposer une liste un peu longue.*
- *Pour la bonne compréhension du dossier, je vais reprendre les faits depuis 1987.*
- *Je pense qu'il serait bon, sans prolonger outre mesure la durée de cette réunion, de vous rappeler les différentes étapes de notre négociation.*

ou bien excusez-vous :

● *I hope you will forgive my reading out these figures, but I feel it is necessary at this stage in our work/but I'm sure you'll understand the need to do so/the importance of doing so* (this sentence is often used even if the need or the importance is not always so clear).

● *I'm afraid this presentation may have seemed rather long and drawn out, but clarification was needed.*

When you have several points to make, you often specify the exact number. This makes it easier for your listeners to remember but you must be clear about what they are if you are speaking without notes. Many speakers, having announced six points, go blank and cannot recall their fifth or sixth point.

● *Mr. Chairman, I would like to make/I'll focus on/six points: the first is..., the second concerns..., the third is related to..., as for my sixth and last point, it has to do with...*

● *I have three remarks to make.*

● *I would like to broach three different aspects...*

● *I would like to voice three concerns.*

● *Two thoughts spring to mind...*

● *Vous me pardonnerez cette énumération de chiffres, mais elle me paraît nécessaire à ce stade des travaux/mais vous en comprendrez la nécessité/l'importance.* (cette phrase est souvent employée même si la nécessité ou l'importance ne sont pas toujours évidentes.)

● *Ce exposé vous a sans doute paru un peu long/un peu fastidieux mais une mise au point s'imposait.*

Dans le cas où vous souhaitez mentionner plusieurs points, on précise fréquemment le nombre exact de remarques. Cela favorise la mémorisation pour ceux qui écoutent mais il faut veiller à bien les avoir en tête si on parle sans note. Plus d'un orateur, après avoir annoncé six points a eu un trou de mémoire et ne retrouvait plus son cinquième ou sixième point.

● *Monsieur le Président, je voudrais évoquer six points : le premier est..., le deuxième point concerne..., le troisième se rapporte à..., quant au sixième et dernier point, il touche...*

● *J'ai trois remarques à faire.*

● *J'aimerais aborder trois différents aspects...*

● *Je voudrais exprimer trois préoccupations...*

● *Deux réflexions me viennent à l'esprit...*

Giving your opinion

Many meetings go on too long and frequently at the end of a meeting which has lasted all morning, someone will say: "We could have settled this matter in under an hour". Very often a note or a telephone call would have been just as effective. Several factors are involved here: preparation, organisation, co-ordination, but, above all, time management.

The role of the chair is essential here, but if everyone could stick to certain rules, a considerable amount of time would be saved and efficiency would be improved. The first rule is plain common sense but it tends to be forgotten: "do not speak unless you have something to say".

If each person asked himself the question "Is what I have to say directly related to the subject?", irrelevant comparisons, superfluous digressions and sterile monologues could be avoided. Even though we all fall into this trap, we hate to see others doing it. This is why all apt observations are warmly welcomed by the other participants.

Chapitre 2

Donner son opinion

Beaucoup de réunions sont trop longues et on entend fréquemment à la fin d'un réunion qui a duré toute une matinée : « Cette affaire aurait pu être réglée en une heure ». Bien souvent une note et quelques coups de téléphone auraient permis d'obtenir le même résultat. Cela tient à plusieurs facteurs : préparation, organisation, coordination mais surtout *gestion du temps.*

Le rôle du président de séance est capital à cet égard *, mais si chacun voulait bien se plier à certaines règles d'efficacité le gain de temps serait considérable. Parmi ces règles, la première qui relève du bon sens mais que l'on a tendance à oublier : *ne parler que lorsque l'on a quelque chose à dire.*

Si avant d'intervenir chacun se demandait : « Est-ce que mon intervention est directement liée au sujet ? », on éviterait les comparaisons inutiles, les digressions superflues et les monologues stériles. S'il nous arrive à tous de tomber dans ce piège, nous le redoutons chez les autres. C'est pourquoi toute intervention justifiée sera accueillie avec bienveillance par les autres participants.

---

* Cet aspect sera évoqué dans la seconde partie de cet ouvrage, p. 148.

● *Allow me to remind you that the situation was identical/ there was a similar case in 1975 and we opted for a reduction in maintenance costs. There's no need to recall the dire consequences which that entailed.*

● *It seems to me that we are forgetting the lessons of the past.*

● *We have to take into account/take into consideration the uncertainty of the situation/the healthy situation in the stock market/ the efforts already made by industry/the employees have already made, etc.*

● *On the basis of/If we refer to...*

● *Bearing in mind.../Not forgetting...*

If you speak after a colleague whose opinion you do not share, you can influence the course of the debate by the attitude you adopt. If you wish to stay on good terms, begin by congratulating him or her on a point which involves no commitment on your part or by showing your esteem:

● *Following this very interesting presentation...*

● *Following this remarkable presentation...*

● *Following Mr. Lange's excellent presentation, I have only one remark to make, but it concerns an important issue...*

● *We have just heard a remarkable presentation. A single observation springs to mind: why was there no mention of a delivery time? In my view that is what should determine our choice for this type of merchandise.*

● *We have greatly appreciated Mrs. V's excellent presentation.*

● *As usual we have all appreciated the clarity, the conciseness of Mrs. X's presentation, but it seems to me that only one side of the problem has been examined.*

● *First of all I would like to pay tribute to the excellent job/ work done by the group of experts.*

In contrast, if for strategic reasons you wish to play down the work or the influence of the previous speaker, veiled criticism is always possible:

● *Permettez-moi de vous rappeler qu'une situation identique/ qu'un cas semblable s'est déjà produit(e) en 1975 et nous avons opté, à l'époque, pour une diminution des frais de maintenance. Il est inutile de rappeler aujourd'hui les conséquences catastrophiques que cela a entraîné.*

● *Il me semble que l'on oublie les leçons du passé.*

● *Il faut prendre en compte/tenir compte de la précarité de la situation/la bonne tenue des valeurs boursières/l'effort déjà fourni par les entreprises/les salariés, etc.*

● *En nous fondant sur.../En nous référant à...*

● *Ayant présent à l'esprit.../Sans oublier...*

Si vous intervenez après un collègue dont vous ne partagez pas l'opinion, vous pouvez adopter des attitudes différentes suivant le tour que vous voulez donner au débat. Si vous voulez garder de bons rapports, commencez par le féliciter sur un point qui ne vous engage pas ou par marquer votre estime :

● *Après l'exposé très intéressant...*

● *Après le brillant exposé...*

● *Après la brillante intervention de Monsieur Lange, je ne ferai qu'une remarque mais elle concerne un point important...*

● *Nous venons d'entendre un brillant exposé, une seule remarque me vient à l'esprit : pourquoi n'est-il fait aucune allusion aux délais de livraison ? C'est à mon avis un élément capital dans notre choix pour des marchandises de ce type.*

● *Nous avons tous apprécié l'excellente présentation de Mme V.*

● *Comme d'habitude nous avons apprécié la clarté, la concision de l'exposé de madame X, mais il me semble qu'un seul aspect du problème a été étudié.*

● *J'aimerais tout d'abord rendre hommage à l'excellent travail fourni par le groupe d'experts qui a travaillé sur cette étude...*

Au contraire, si pour des raisons de stratégie vous voulez minimiser le travail ou l'influence de l'orateur précédent, une critique même déguisée est toujours possible :

- *This report is not without relevance, but unfortunately it is not up to date. As you have no doubt noticed, it does not include the sales figures for our branch in Le Mans.*

- *Although this report is rather brief, it at least points very clearly to the weaknesses of our security system.*

- *In spite of certain omissions, this study shows that...*

- *Although there are some issues which have not been covered in this report, it's a good starting point for our talks.*

- *The document has a certain bias, which is, I would say (pause to find the right word)... optimistic/favourable/advantageous and takes no account of certain truths.*

To soften your criticism, you can show understanding for the opinion expressed :

- *I fully sympathize with/understand the line Mr. X has taken, but we must be clear in our minds on/we must not forget the financial imperatives.*

- *I know it is difficult to get an overall view of such a complex problem, but my feeling is that we could find more economical solutions.*

or you can provide excuses :

- *I know that you didn't have sufficient time to draft this memo, and therefore I'm prepared to overlook the fact that a few points have been forgotten/a few omissions/a few careless mistakes (much stronger).*

- *You were not in possession of all the information (formal) you didn't have all the information.*

- *You did not have all the evidence available/you were not in possession of all the information (formal), therefore there was no way you could know that.*

- *The third term figures only became available last week, so it was difficult for you to take these figures into account in your calculations. I'm fully aware of that, but I think the increase could have been foreseen. There were a lot of forerunning signs. The collapse of certain share prices is a good example.*

● *Ce rapport n'est pas dépourvu d'intérêt, mais il est malheureusement incomplet, il n'y figure pas, comme vous avez pu le constater, les chiffres des ventes de notre succursale du Mans.*

● *Quoiqu'un peu succinct, ce rapport a le mérite de montrer clairement les carences de notre système de sécurité.*

● *Malgré ses lacunes, cette étude montre...*

● *Bien que tous les points n'aient pas été évoqués dans ce rapport, il constitue le point de départ de nos réflexions.*

● *Le document a été présenté dans une certaine optique, je dirai (on essaie de trouver le mot juste) optimiste/favorable/ avantageuse qui ne tient pas compte de certaines réalités.*

Pour atténuer sa critique, on peut montrer un esprit compréhensif :

● *Je comprends parfaitement l'orientation choisie par Monsieur X, mais nous devons rester lucides/mais il ne faut pas oublier les impératifs financiers.*

● *Je sais qu'il est difficile d'avoir une vision d'ensemble d'un problème aussi complexe, mais il semble qu'on pourrait trouver des solutions plus économiques.*

ou fournir des excuses :

● *Je sais que vous disposiez de peu de temps pour rédiger cette note, c'est pourquoi je ne vous tiendrai pas rigueur de quelques oublis, de quelques lacunes, de quelques négligences (nettement plus dur).*

● *Vous n'aviez pas toutes les informations en votre possession/ vous ne possédiez pas toutes les informations.*

● *Vous n'aviez pas tous les éléments à votre disposition/vous ne disposiez pas de tous les éléments, vous ne pouviez donc pas savoir que...*

● *Les chiffres du troisième trimestre n'ont été disponibles que la semaine dernière, dans ce cas il était difficile d'intégrer ces données dans vos calculs, j'en suis tout à fait conscient, mais il me semble qu'on aurait pu prévoir cette augmentation. Il y avait eu de nombreux signes avant-coureurs. Je citerai comme exemple l'effondrement de certaines valeurs boursières.*

Chapter 3

Asking for clarification.
Asking probing questions,

In certain meetings or conferences, participants may wish to ask questions, or they may be invited to do so. The aim here is not to express an opinion, but to obtain further information (although in a press conference-style of conference the question itself embodies a way of expressing an opinion and usually corresponds to the political outlook of the questioner). The following expressions are examples of questions requesting further information :

- *Could you give the exact figures ?*
- *Would it be possible for you to give us the overall results ?*
- *How do you intend to obtain these results/to achieve your objective/to reach your goal ?*
- *What means/what method do you intend to use to reduce the deficit ?*
- *Is it your intention to have recourse to (formal)... ?*
- *Are you envisaging reducing personnel/staff/a reduction in staff ?*

Chapitre 3

Poser des questions. Demander des précisions

Dans certaines réunions ou conférences, les participants souhaitent poser des questions ou sont conviés à le faire. Le but de leur intervention sera non pas d'exprimer leur opinion mais d'obtenir plus d'informations (bien que dans des conférences du type « conférence de presse » la question en elle-même soit déjà une manière d'exprimer son opinion et corresponde souvent à la sensibilité politique de celui qui la pose). Nous allons citer quelques exemples de phrases qui permettent de connaître plus de précisions :

- *Pouvez-vous citer des chiffres précis ?*

- *Etes-vous en mesure de nous donner les résultats globaux ?*

- *Comment comptez-vous obtenir ces résultats/atteindre votre objectif/parvenir à votre but ?*

- *Par quel moyen/par quelle méthode comptez-vous réduire le déficit ?*

- *Est-il dans vos intentions de recourir à ... ?*

- *Envisagez-vous de réduire votre personnel/vos effectifs ?*

● *Do you feel it's the right time to impose additional costs on an industry which is already in decline ?*

Courtesy sometimes dictates that you claim that you are not clear about an issue when really it is the previous speaker who has not made himself clear :

● *I'm sorry, but I'm not sure what you are getting at* (informal)/ *I'm not sure I fully grasp what you are implying.*

● *Are you saying that this sector is bound to disappear in the near future ?*

● *I'm afraid I'm not clear on what you said. Is there a real intention to abolish controls at this level ?*

This type of attitude is sometimes adopted by participants when they have understood perfectly well what the previous speaker meant, but they wish to make him state his exact position clearly or publicly :

● *I'm very sorry to come back on this point, but I don't quite see exactly how you are going to stimulate the economy/curb expenditure/find new openings, etc.*

● *Must I deduce/conclude that you are prepared to accept their conditions ?*

● *Am I to assume that you refuse ?*

● *Should I see/view/interpret your answer as a refusal ?*

● *Must we deduce that your decision is final ?*

● *Should we assume that your decision is already taken ?*

● *Have you contemplated/thought of... ?*

Questions can probe into motives :

● *Why have you given up the merger plan with the firm ?*

● *Do you intend to call up private capital and, if so, in what proportion ?*

● *Pensez-vous que le moment soit bien choisi pour imposer des charges supplémentaires à une industrie déjà en perte de vitesse ?*

Par courtoisie, on reprend à son compte une mauvaise compréhension alors qu'il s'agit parfois d'un manque de clarté de la part de l'interlocuteur précédent :

● *Pardonnez-moi, mais je ne suis pas sûr d'avoir bien saisi la portée de vos paroles.*

● *Voulez-vous dire que ce secteur est condamné dans un avenir proche ?*

● *J'ai peur de n'avoir pas bien compris. Est-il vraiment question de supprimer les contrôles à ce niveau ?*

Il arrive parfois que certains participants utilisent ce type d'attitude alors qu'ils ont parfaitement compris le sens de l'intervention précédente, ils désirent faire dire nettement et peut-être publiquement quelle est exactement la position de celui qui s'est exprimé avant :

● *Je suis désolé de revenir sur ce point, mais je ne vois pas clairement comment vous allez stimuler l'économie/comprimer les dépenses/trouver de nouveaux débouchés etc.*

● *Dois-je en déduire/en conclure que vous êtes prêt à accepter leurs conditions ?*

● *Dois-je comprendre que vous refusez ?*

● *Dois-je interpréter votre réponse comme un refus ?*

● *Devons-nous en déduire que votre décision est sans appel ?*

● *Devons-nous comprendre que votre décision est déjà prise ?*

● *Avez-vous songé à/pensé à ... ?*

Les questions peuvent porter sur les motifs :

● *Pourquoi avez-vous renoncé au projet de fusion avec la firme... ?*

● *Avez-vous l'intention de faire appel à des capitaux privés et si oui, dans quelle proportion ?*

● *You are reported to be involved in talks to set up a large-scale venture with a big French conglomerate. Is that true/is there any truth in that ?*

or into the means :

● *How do you intend to reduce production costs ?*

● *Do you believe these reforms will have an effect on the economy/will have the desired effect/will be achieved in spite of the uncertain situation ?/will not incur a reduction in the rate ?*

● *On what terms do you intend to start negotiations with... ?*

Deadlines can be the object of clarification :

● *What date have you fixed for the start/the resumption/the end of the work ?*

● *When do you intend to implement the programme/apply these reforms/these measures ?*

● *Have you already established a timetable for the meetings ?*

If you are concerned that your remarks may be misinterpreted, you can apologize in advance for your bluntness to avoid souring the atmosphere :

● *Forgive me for being so frank/blunt, but we should like to know your reasons for parting with/getting rid of (informal)/selling off such a prosperous/flourishing/rapidly expanding business.*

● *No offence meant, but... (informal). I do hope you won't find my question offensive, but I would like to know why you have recently taken out a new loan ?*

● *I hope you don't mind my asking you this, but we have to have complete trust in one another.*

You may wish to underline your good faith :

● *Rest assured/I assure you that I meant no offence by my question.*

● *On dit que vous êtes en pourparlers pour une opération de grande envergure avec un grand groupe français. Est-ce exact ?*

les moyens :

● *Comment comptez-vous procéder pour réduire les coûts de production ?*

● *Pensez-vous que ces réformes auront un effet sur l'économie/ produiront l'effet escompté/seront réalisables malgré une situation précaire/n'entraîneront pas une baisse de régime ?*

● *En quels termes avez-vous l'intention d'entamer les négociations avec... ?*

les échéances :

● *A quelle date avez-vous fixé le début/la fin/la reprise des travaux ?*

● *Quand comptez-vous mettre en oeuvre ce programme/appliquer ces réformes/ces mesures ?*

● *Avez-vous déjà établi le calendrier de ces rencontres ?*

Si vous avez peur que vos paroles soient mal interprétées et pour éviter que le climat ne se détériore, vous pouvez vous excuser du caractère désagréable de certains propos :

● *Pardonnez-moi d'aborder le problème de façon aussi directe mais nous voudrions savoir quelles sont les raisons qui vous poussent à vous séparer/défaire d'une affaire aussi florissante/en pleine expansion.*

● *Ne voyez aucun caractère désobligeant dans ma question mais j'aimerais savoir pourquoi vous avez contracté récemment un nouvel emprunt ?*

● *Ma question vous paraîtra peut-être un peu indiscrète mais il doit y avoir entre nous une confiance totale.*

et assurer votre interlocuteur de votre bonne foi :

● *Soyez certain/assuré que ma question n'avait rien de désobligeant...*

● *It's not that I'm implying (informal)/Far be it from me to imply...*

● *I do not doubt your sincerity, but the figures are not an accurate reflection of the situation.*

● *Not for a moment did I believe that...*

● *Loin de moi l'idée de croire que...*

● *Je ne mets pas en doute votre sincérité mais ces chiffres ne reflètent pas la situation exacte.*

● *Je n'ai jamais cru un seul instant que...*

Chapter 4

Proposing solutions and defending your view point

Once you have given your view, put your questions and asked for clarification, you will need to defend your viewpoint by proposing solutions which show that your purpose is to be constructive. Do not forget that it is easy to criticize, but quite another matter to propose a better alternative ("Fools rush in where angels fear to tread". Pope). You can only defend your point of view if you have convincing proof. This presupposes that you are capable of analysing the situation accurately and then proceeding with logic and method.

If yours is the only proposal on the table, you should concentrate on convincing others that your option is the right one.

• *If we adopt this solution, we shall avoid the main pitfalls, namely, confrontation with the unions, people challenging previous agreements. Believe me, we have everything to gain here.*

• *What we need is a lasting settlement and this one will allow us to plan for the long term. We'll avoid the harmful effects of an artificial reduction in unemployment.*

Chapitre 4

Proposer des solutions et défendre son point de vue

Après avoir déjà donné votre opinion, posé des questions, demandé des éclaircissements, il vous faudra parfois défendre votre point de vue en proposant des solutions de façon à vous montrer constructif. N'oublions pas que « *la critique est aisée mais l'art est difficile* ». Défendre efficacement son point de vue n'est possible que si vous apportez des éléments convaincants. Il faut pour cela être capable d'analyse, agir avec méthode et faire preuve de logique.

Si votre proposition est seule en jeu, le but de votre intervention sera essentiellement de persuader votre auditoire du bien fondé de votre option.

● *En adoptant cette solution, nous évitons les principaux écueils : conflits avec les syndicats, remise en cause des précédents accords. Nous y avons tout à gagner, croyez-moi.*

● *Ce qu'il nous faut, c'est une solution durable et celle-ci nous permet de raisonner à long terme. Nous éviterons ainsi les effets pernicieux d'une réduction artificielle du chômage.*

- *I would underline the advantages of this solution...*
- *The advantages of this solution are numerous...*
- *In view of the seriousness of the situation/the good results obtained/the disastrous results recorded, stringent measures are called for...*

Be categorical :

- *This is the only method which has proved its worth. It works (informal). Look at what has already been achieved in the space of a few months !*

- *I've looked into this problem very thoroughly, and personally, I don't see any other way out.*

Ask questions and then supply the answers :

- *Can you think of a better method/solution ? No, because there isn't one.*

When there are several conflicting proposals, you will first have to refute the other side's arguments, before putting your own case :

- *Mr. X's proposal takes no account of..., but you know perfectly well that this will lead to Mr. Y's resignation, which is not acceptable to us.*
- *The project which has just been put forward requires considerable investment and you know/you are well aware that our financial situation is not exactly brilliant (informal)/is far from brilliant at the moment.*
- *In that case, we'll need to consider refurbishing the premises and we only had them renovated last year. It wouldn't be reasonable/ logical. On the other hand, we could set up a plant in Cergy. That would present a number of advantages.*

Stress your professional experience and reliability :

- *Speaking as someone with a fair amount of management experience, I can assure you that...*

- *J'aimerais souligner les avantages de cette solution...*
- *Les avantages de cette solution sont multiples...*
- *Etant donné la gravité de la situation/les bons résultats obtenus/les résultats déplorables enregistrés, des mesures énergiques s'imposent.*

N'hésitez pas à être catégorique :
- *Cette méthode est la seule qui ait fait ses preuves. Elle marche (informel). Voyez les résultats déjà obtenus en quelques mois !*

- *Je me suis longuement penché(e) sur ce problème et pour ma part, je ne vois pas d'autre issue.*

Faites les questions et les réponses :
- *Voyez-vous une autre méthode/une autre solution ? Non, il n'en existe pas d'autre.*

Au contraire si plusieurs thèses s'affrontent, il vous faudra commencer par détruire l'argumentation adverse avant de défendre la vôtre :
- *La proposition de M. X ne tient pas compte de..., or vous savez très bien que cela entraînerait le départ de M.Y..., ce que nous ne pouvons accepter.*
- *Le projet que l'on vient de nous soumettre implique une mise de fonds importante et vous savez/vous n'êtes pas sans savoir que notre situation financière est loin d'être brillante en ce moment.*

- *Dans ce cas, il faudrait envisager une modification des locaux et nous les avons rénovés l'an passé, ce ne serait pas rationnel/logique. A l'inverse nous pourrions nous implanter à Cergy, ce serait intéressant sur plusieurs plans.*

Insistez sur votre professionnalisme et votre sérieux :
- *Ayant une certaine expérience dans le domaine de la gestion, je peux vous assurer que...*

- *Having worked in biotechnological research for ten years, I'm absolutely convinced that...*

You will be more persuasive if you underline the importance of what is at stake:
- *You know how important this matter is to us/what this contract means to us.*
- *I do not need to remind you that the fate of three hundred people depends on this meeting.*
- *Our good name is at stake.*
- *We won't find a solution by burying our heads in the sand. Let's face facts/We must see things as they are.*

- *We face a serious problem.*
- *We have to face up to foreign competition.*

Now it will be easier for you to argue your case convincingly:
- *In this context/under these conditions/under the circumstances/in that case, you will understand why I particularly stress this point.*
- *We have to take our analysis a step further, and I would like to set out some principles which might serve as guidelines.*

Sometimes you may need to insist:
- *We have to be absolutely clear about this aspect of the problem.*
- *I must insist on the need to revise our insurance contracts. We are not adequately covered in case of...*

- *I reiterate my request: without an increase in staff our department will soon no longer be able to carry out our work effectively.*

● *Travaillant depuis 10 ans dans la recherche en bio-technologie, j'ai acquis la certitude que...*

Vous serez mieux écouté si vous soulignez l'importance de l'enjeu :

● *Vous savez combien cette affaire est importante pour nous/ ce que ce contrat représente pour nous.*

● *Je n'ai pas besoin de vous rappeler que de cette réunion dépend le sort de plus de trois cents personnes.*

● *Notre crédibilité est en jeu.*

● *Ce n'est pas en adoptant la politique de l'autruche que nous trouverons une solution. Regardons la vérité en face/Voyons les choses telles qu'elles sont.*

● *Nous sommes confrontés à un problème grave.*

● *Nous devons affronter/faire face à la concurrence étrangère.*

Maintenant, il vous sera plus facile de valoriser votre opinion :

● *Dans ce contexte/dans ces conditions/dans ces circonstances/ dans cette hypothèse, vous comprendrez pourquoi j'insiste particulièrement sur ce point.*

● *Il faut aller plus loin dans notre réflexion et, à cette fin, j'aimerais énoncer quelques principes susceptibles de guider notre démarche...*

Il faut parfois insister :

● *Je me permets d'insister sur cet aspect du problème.*

● *Je souligne avec force la nécessité d'une révision de nos contrats d'assurance, nous ne sommes pas suffisamment couverts en cas de...*

● *Je répète ma demande : sans une augmentation d'effectif dans notre service, nous ne serons bientôt plus en mesure d'accomplir notre travail convenablement.*

Chapter 5

Welcoming/opposing proposals and expressing reservations

Although the goal of a meeting is not always to reach a decision, there is usually a general discussion when everyone gives his opinion. As we have just seen, you can give your own view, but you may also wish to define your position with regard to someone else's view.

You may share their view, or you may share it with reservations, or you may be opposed to it.

Showing agreement

There are many ways of expressing agreement. The following examples range from the simple to the more elaborate:

- *I'm in favour (informal).*
- *I agree/I quite agree/I fully agree.*

- *You are absolutely right.*
- *I'm of the same opinion.*

Chapitre 5

Accueillir
favorablement/défavorablement,
avec réserve

Bien que le but des réunions ne soit pas toujours d'arriver à une prise de décision, il y a en général « concertation » et chacun doit exprimer son opinion. On peut donner sa propre vision des choses, comme nous venons de le voir. On peut également se situer par rapport à une opinion déjà exprimée précédemment.

On peut la partager, la partager avec des réserves ou bien y être opposé.

Accueillir favorablement

De nombreuses phrases permettent d'exprimer son accord. Les voici en allant des plus simples aux plus élaborées :

● *Je suis pour (informel).*

● *Je suis d'accord/tout à fait d'accord/entièrement d'accord/ c'est mon avis/c'est également mon avis.*

● *Vous avez tout à fait raison.*

● *Je suis du même avis.*

- *That is also my view.*
- *That's my position too.*
- *We have the same approach.*
- *I share your view.*
- *You have my support/you have my backing.*
- *I thoroughly endorse your proposal/I fully approve of your proposal.*
- *That's exactly what I think.*
- *We agree on all counts.*
- *I see that we are thinking along the same lines.*

Reservations

You may have the same approach, but diverge on certain specific issues; in that case, you will have to qualify your reply as follows:

- *I agree for the most part/in the main.*
- *I partly agree.*
- *I have a slightly different view.*
- *I have a few reservations: firstly with regard to... secondly in respect of...*
- *I would like to voice a reservation (formal).*

You may choose to play down the points of disagreement:

- *Apart from a few details, I share your view.*

- *I endorse for the most part what my colleague has said.*

- *I share your opinion except for/with the exception of one minor point.*
- *I fully understand Mrs. Longuet's reasoning, but I do not wish to look so far ahead, and in the short term I feel that...*

Instead you may wish to stress the importance of the disagreement:

- *Although our positions are fairly close, we cannot agree to give up.*

- *C'est également mon opinion.*
- *C'est également ma position.*
- *Nous avons la même approche.*
- *Nous partageons le même point de vue.*
- *Vous avez mon soutien/je vous apporte mon soutien.*
- *Je vous approuve tout à fait/je ne peux que vous approuver.*

- *Vous traduisez ma pensée.*
- *Nous sommes en tous points d'accord.*
- *Je vois que nos positions se rejoignent.*

Accueillir avec réserves

Vous pouvez avoir une approche commune mais certaines divergences sur des points précis ; dans ce cas, il faut nuancer sa réponse :

- *Je suis en grande partie d'accord/globalement d'accord.*
- *Je suis partiellement d'accord.*
- *J'ai une vision légèrement différente.*
- *J'ai quelques réserves à faire : d'abord à propos de... ensuite en ce qui concerne...*
- *Je voudrais émettre une réserve.*

On peut choisir de minimiser les points de désaccord :

- *A l'exception de quelques points de détails, je suis du même avis.*
- *Je souscris en grande partie à ce que vient de dire mon collègue.*
- *Je partage votre avis sauf sur/à l'exception d'un point d'importance mineure.*
- *Je comprend parfaitement le raisonnement de Madame Longuet, mais je ne vois pas aussi loin et, à court terme, il me semble que...*

ou au contraire d'en accentuer l'importance :

- *Bien que nos positions soient assez voisines, nous ne pouvons accepter de renoncer à...*

● *I see things in a very different light. I have many points to make here.*

● *I only agree with you on one point: the need to diversify our operations. As regards the remaining issues I'm afraid I beg to differ (formal)/I have a different view/I see things differently.*

Opposing a proposal

As was stated at the beginning of the second part of this book, the tone you use will carry meaning for your partners. If you wish to be taken seriously, your tone should match your words. It may be advisable to express your disagreement with determination rather than authority if you are talking to your superiors or if you wish to avoid personality clashes. Determination and credibility often go hand in hand. In cross-cultural meetings, reactions may be very different. Some will react emphatically and flamboyantly, while others will reveal nothing either in their tone of voice or facial expression. It is up to you to adopt the attitude which best suits the circumstances, the participants, your strategy, but, above all, your personality.

In a direct and informal style, you will say:

● *I'm against/I'm totally against/I don't agree at all.*

In a more formal meeting, you will say:

● *I'm totally opposed to this solution.*

● *I'm going to make it quite clear. This solution is unacceptable.*

● *I object to/protest against this idea which goes against/flies in the face of what was decided by the previous committee.*

● *We are in no way convinced by the arguments which have been put forward.*

● *Allow me to express my disagreement/my opposition/my disapproval (formal).*

● *Je vois les choses de façon sensiblement différente. J'aurai de nombreuses remarques à faire.*

● *Je partage votre avis sur un seul point : c'est la nécessité de diversifier nos activités. Pour le reste, vous me permettrez d'avoir une approche contraire/d'avoir une optique différente/de voir les choses différemment.*

Accueillir défavorablement

Comme nous le rappelions au début de la deuxième partie de ce livre, le ton que vous allez employer sera une indication pour ceux qui vous écoutent. Si vous voulez être pris au sérieux, il faut accorder votre ton et vos paroles. Pour des raisons de hiérarchie aussi bien que de personnalité il n'est pas toujours conseillé d'exprimer son désaccord avec autorité mais plutôt avec détermination. La détermination va souvent de pair avec la crédibilité. Lorsque des réunions mettent en présence des protagonistes de différentes cultures, on remarque des réactions très diverses. Certains réagiront de manière violente et ostentatoire, alors que d'autres ne laisseront rien paraître, ni dans leur voix, ni sur leur visage. C'est à vous d'adopter l'attitude qui convient le mieux aux circonstances, aux participants, à votre stratégie mais surtout à votre personnalité.

De façon directe et informelle vous direz :

● *Je suis contre/Je suis tout à fait contre/Je ne suis pas d'accord/Je ne suis pas du tout d'accord.*

Dans une réunion plus formelle vous direz :

● *Je suis tout à fait opposé à cette solution.*

● *Je le dirai très nettement. Cette solution est inacceptable.*

● *Je m'élève contre cette idée qui va à l'encontre de ce qui avait été décidé par la précédente commission.*

● *Les arguments avancés ne nous ont nullement convaincus.*

● *Qu'il me soit permis d'exprimer mon désaccord/mon opposition/ma désapprobation (formel).*

● *It is out of the question that we should accept such conditions/such unfavourable conditions.*

● *You will never gain our consent to such a project.*

● *Under no circumstances would we put our name to such an initiative.*

● *Il est hors de question que nous acceptions des conditions pareilles/de telles conditions/des conditions aussi défavorables.*

● *Jamais vous n'obtiendrez notre adhésion à un tel projet.*

● *En aucun cas, nous n'accepterons de nous associer à cette initiative.*

Chapter 6

Expressing concern, dissatisfaction and regret

As events unfold, you may have to respond to proposals studied and decisions taken. These reactions will vary between dissatisfaction, concern, indifference and satisfaction. Once again, depending on your personality and the strategy you have adopted, you will be more or less direct. These expressions may come in useful:

Concern

Opinions are not always clear. Some proposals or decisions may cause fears which you will quite rightly wish to express. Fears may lead to hesitation:

* *I'm concerned about the way the situation is developing.*
* *I note with concern/with growing concern the increase in the deficit.*

Comment exprimer
son inquiétude,
son mécontentement, ses regrets

Suivant le cours des événements vous pouvez être amené à exprimer vos réactions sur les propositions qui sont étudiées ou les décisions qui sont prises. Ces réactions varient entre le mécontentement, l'inquiétude, l'indifférence ou la satisfaction. Une fois encore, en fonction de votre personnalité et de la stratégie que vous avez adoptée, vous réagirez de façon plus ou moins directe. Voici quelques phrases qui vous aideront:

L'inquiétude

Les opinions ne sont pas toujours très nettes. Certaines propositions ou décisions provoquent des inquiétudes qu'il est légitime d'exprimer. Ces inquiétudes, à leur tour, donnent naissance à des hésitations :

• *Je suis inquiet de l'évolution de la situation.*

• *Je note avec inquiétude/avec une inquiétude croissante l'augmentation du déficit.*

- *Who wouldn't be worried when one realizes that/when one analyses/when one takes a closer look at...*
- *I'm worried and I make no bones about it.*
- *Ladies and gentlemen, are you aware of the risks involved ?*

- *Are you sure you have weighed up the implications/consequences of this commitment ?*
- *Under the circumstances our concern is fully justified/we are entitled to feel concerned/you will understand our concern/you will understand why we are concerned.*

Having shown your concern, your hesitation will be more understandable :

- *I still have some misgivings.*
- *I still have my doubts/I'm not totally convinced.*

- *I note your arguments but I'm still sceptical. I can't help thinking that there is another way to settle/to solve/to cope with (informal) this problem.*

Make it clear that you are open-minded :

- *I'm tempted to accept but I feel it would be wise to ask for more time to think about it.*
- *We haven't yet decided on/defined our position. We need further information on some specific points. We need to proceed with caution/to be very careful.*
- *I feel I need a few days to think about it before committing myself. Perhaps we should even re-examine the applications.*

- *Before giving my opinion/before taking a decision, I should like to re-examine/take another look at (informal) the accounts, but that should not take too long.*

● *Comment ne pas être inquiet quand on sait que.../en analysant.../en étudiant de près...*

● *Je ne vous cacherai pas mon inquiétude.*

● *Mesdames et Messieurs, avez-vous conscience des risques que nous courons ?*

● *Etes-vous sûrs d'avoir mesuré la portée/les conséquences d'un tel engagement ?*

● *Etant donné les circonstances, notre inquiétude est légitime/ nous avons le droit d'être inquiets/vous comprendrez nos inquiétudes/ que nous soyons inquiets.*

Après avoir marqué vos inquiétudes, vos hésitations apparaîtront plus compréhensibles :

● *J'hésite encore/je suis hésitant (informel).*

● *J'ai encore quelques hésitations/je ne suis pas tout à fait convaincu.*

● *J'ai pris note de vos arguments mais je reste sceptique. Je ne peux m'empêcher de penser qu'il y a un autre moyen de régler/ de résoudre/de venir à bout de (informel) ce problème.*

Montrez-vous ouvert :

● *Je suis tenté d'accepter mais la prudence me pousse à demander un délai de réflexion supplémentaire.*

● *Notre position n'est pas encore arrêtée/définie, il nous manque encore certaines précisions/certains éléments d'information. Il faut agir avec prudence/avec sagesse.*

● *Quelques jours de réflexion me semblent nécessaires avant de m'engager. Peut-être faudrait-il même procéder à un réexamen des candidatures.*

● *Avant de formuler une opinion/avant de prendre une décision, j'aimerais procéder à un nouvel examen des comptes mais cela ne devrait pas être long.*

Expressing dissatisfaction

Unfortunately, unanimous proposals and decisions are rare. If, in spite of your concern a decision which you find unsatisfactory is taken, you can always express your dissatisfaction or your regret. Although this is not an easy situation to handle, here are some examples:

- *I'm not happy/I'm not altogether happy about this (informal).*
- *We are not satisfied.*
- *It's not on (informal). This is not what was envisaged at the outset.*

In a more formal situation, say:

- *I feel bound to express my dissatisfaction.*
- *I deplore the casual way this whole matter has been dealt with.*
- *I am compelled to say how dissatisfied I am/I am bound to voice my dissatisfaction.*
- *I am sorry to note/I am deeply sorry to note/I regret to note that everyone here seems indifferent to the pressing question of consumer protection.*

More emphatically, you can say:

- *I mean to be quite clear: this solution is unacceptable.*
- *We were not expecting such a decision.*

To avoid being isolated, you can make another participant's dissatisfaction your own:

- *I understand and share my colleague's anger/annoyance/ disappointement/regret/dissatisfaction/and I'm not far from sharing it myself (here you distance yourself somewhat).*

To end this book on a positive and cordial note, the last chapter will deal with satisfaction and thanks.

Exprimer son mécontentement

Malheureusement, les propositions ou les décisions font rarement l'unanimité et si, malgré vos inquiétudes, une décision qui ne vous satisfait pas est prise, il ne vous reste qu'à exprimer votre mécontentement ou vos regrets. Ce n'est pas toujours évident mais si cette possibilité vous est donnée voici quelques phrases qui vous aideront :

● *Je ne suis pas content/pas du tout content (informel).*

● *Nous ne sommes pas satisfaits.*

● *Cela ne va pas du tout (informel). Ce n'est pas ce qui était prévu au départ.*

De façon plus formelle :

● *Je tiens à exprimer mon mécontentement.*

● *Je déplore la légèreté avec laquelle cette affaire a été menée.*

● *Je suis obligé d'exprimer mon mécontentement/Je me vois contraint d'exprimer mon mécontentement (formel).*

● *Je constate avec tristesse/avec une infinie tristesse/avec regret que tout le monde ici semble indifférent à la question pressante de la protection des consommateurs.*

de façon plus nette :

● *Je le dirai nettement, cette solution est inacceptable...*

● *Nous ne nous attendions pas à une telle prise de position.*

On peut reprendre à son compte le mécontentement de l'un des participants, cela permet d'avoir une position moins isolée :

● *Je comprends l'irritation/la contrariété/la déception/les regrets/le mécontentement de mon collègue et je la (les) partage/et je ne suis pas loin de la partager (là vous prenez un peu de recul).*

Afin de terminer ce livre sur une note positive et cordiale, nous aborderons dans le dernier chapitre la satisfaction et les remerciements.

Satisfaction and thanks

Occasions for expressing satisfaction are not that common, but when they occur, you must know how to welcome them.

First of all, simply say:

- *I'm very happy/I'm satisfied.*
- *I'm quite/entirely/absolutely satisfied.*

More formally, you can put it as follows:

- *I am bound to express my satisfaction.*
- *We were most pleased to hear this news.*
- *We were delighted to hear of/We warmly welcomed the appointment of Mrs. X to the post of Branch Manager.*
- *We noted with the utmost satisfaction the government's recent intentions.*
- *I am pleased to note that this solution has been unanimously approved/satisfies everyone/meets with everyone's approval.*
- *It is a great pleasure to see that our efforts have paid off/have been rewarded.*
- *We cannot but welcome the courageous position of our partners.*

Chapitre 7

Satisfaction
et remerciements

Les sujets de satisfaction ne sont pas les plus fréquents mais quand ils sont là, il faut savoir les accueillir.

avec simplicité :

- *Je suis très content/je suis satisfait.*
- *Je suis tout à fait/pleinement/totalement/tout à fait satisfait.*

plus formel :

- *Je tiens à exprimer ma satisfaction.*
- *Nous avons appris cette nouvelle avec satisfaction.*
- *Nous avons accueilli la nomination de Madame X au poste de Directeur régional avec satisfaction.*
- *C'est avec une profonde satisfaction que nous avons pris note des récentes intentions du gouvernement.*
- *Je suis heureux de constater que cette solution fait l'unanimité/satisfait/plaît à tout le monde.*
- *Quelle joie de voir nos efforts aboutir/couronnés de succès!*
- *On ne peut que se féliciter de la position courageuse de nos partenaires.*

● *This measure complies with our wishes/aspirations/expectations/hopes/desires.*

Even when you have your reservations, it is sometimes a good idea to show satisfaction:

● *I believe that in the initial stage, we should welcome the adoption of these measures, but I'm worried that they will soon prove insufficient.*

● *While we welcome the setting up of these research departments, we nevertheless note that there is no real will to act.*

It is also in order to express thanks either to the other participants if their attitudes justify this, or to the organiser, if the meeting has been constructive.

● *I would like to thank you/I would like to express my thanks.*

● *Mr./Madam Chairman, I would like to thank you for inviting us to this meeting.*

● *I know I speak for all of us here when I extend our thanks to... (very formal).*

● *Thank you for being so understanding/for taking account of our concerns.*

● *Speaking on behalf of all my colleagues, I would like to thank/I would like to convey our thanks.*

● *Speaking on behalf of my colleagues, I would like to thank Mr. Schmidt for allowing all parties a fair hearing/for the excellent way he has chaired this meeting.*

● *... I would like to convey our thanks to the organisers of this round of talks/this conference. Everything has run smoothly and effectively and this has greatly contributed to the success of our discussions.*

● *Cette mesure répond à nos souhaits/à nos aspirations/à nos attentes/à nos espérances/à nos désirs.*

Même s'il y a des réserves, il est bon parfois de savoir marquer sa satisfaction :

● *Je crois que, dans un premier temps, on peut se féliciter de l'adoption de ces mesures mais j'ai peur qu'elles ne s'avèrent rapidement insuffisantes.*

● *Si nous nous félicitons de la création de ces unités de recherche, nous devons cependant constater que la volonté d'agir concrètement n'est pas là.*

Il est également de bon ton d'adresser des remerciements soit aux autres participants soit à l'organisateur de la réunion quand celle-ci a été constructive ou si l'attitude de certains le justifie :

● *Je vous remercie/je tiens à vous remercier.*

● *Monsieur le président, je vous remercie de nous avoir invités à cette réunion.*

● *Je tiens à exprimer mes remerciements, partagés, j'en suis sûr (e)/par tous les autres participants.*

● *Je vous remercie d'avoir fait preuve de compréhension/ d'avoir tenu compte de nos préoccupations.*

● *Je me fais le porte-parole de mes collègues pour vous remercier/pour vous adresser nos remerciements.*

● *J'aimerais remercier M. Schmidt d'avoir donné à chacun la possibilité de s'exprimer/d'avoir présidé la réunion avec une grande maîtrise.*

● *Au nom de mes collègues, j'aimerais remercier M. Schmidt d'avoir donné à chacun la possibilité de s'exprimer/d'avoir présidé la réunion avec une grande maîtrise.*

● *J'aimerais remercier les organisateurs de ce colloque/de cette conférence. Tout s'est passé dans un esprit d'efficacité qui a largement contribué au succès de nos discussions.*

Test

1) Mr. Freeman has ...... me to attend this meeting as an observer.
2) The purpose of my talks is to .... the main reasons for the decision we have taken.
3) Very briefly, I'd like to describe the ...... to that decision and the ...... which led us to it.
4) I would like to ...... the main problems.
5) I would like to give the committee a ...... view of the present situation.
6) Before we begin to .... alternative solutions, I feel we should ...... and consider the advantages and disadvantages of the proposal in its present form.
7) The report on this year's budget is, of necessity, wide-......
8) I shall ...... on six or seven important issues.

ANSWERS

Test

1) Je suis chargé d'assister à cette réunion ...... observateur.
2) En quels termes avez-vous l'intention d'...... ces négociations.
3) Des bruits ......, des rumeurs ...... que nos concurrents ont des difficultés financières.
4) John a laissé ...... que la réunion pourrait être annulée.
5) Nous allons examiner les clauses de ...... avec la plus grande attention.
6) Je me vois dans l'obligation de réagir, nous nous ...... complètement.

7) Malgré ses ......, cette étude est intéressante.

8) Nous sommes ...... à un problème grave.
9) Notre position n'est pas encore ......, il nous manque des éléments d'information.
10) Je me fais le ...... de mes collègues pour vous remercier.

CORRIGÉ

1) en tant qu' 2) entamer 3) courent, circulent 4) entendre 5) sauvegarde, 6) fourvoyons, 7) lacunes 8) confrontés 9) arrêtée 10) porte-parole.

BOOK II:
CHAIRING MEETINGS IN FRENCH AS WELL AS IN ENGLISH

LIVRE II:
CONDUIRE UNE RÉUNION EN ANGLAIS COMME EN FRANÇAIS

How to use
this book

This book combines both theory and practice. Conducting a meeting well requires efficiency, integrity and authority. The type of meeting may vary, and leaders may have different styles, methods and personalities; nevertheless, the planning, the organisation and the process of meetings will follow certain set patterns. We have therefore tried to recall the basic principles of leading meetings and supply the sentences, structures and expressions which best suit the circumstances. You will find English expressions facing French equivalents, presenting what an English speaker and a French speaker would say in the same situation. We have attempted to take account of cultural differences and our first consideration has been to respect the authenticity of each language.

The approach here endeavours to be both prescriptive and realistic. We have analysed the leader's role in planning and controlling the process of a meeting, but we have also tried to help you to deal with obstacles, to handle awkward participants or simply to defuse the tension.

If you are familiar with the phrases and expressions you need, it will be much easier for you to assert your authority and achieve your purpose in a foreign language.

Comment utiliser
ce livre

Ce livre a été conçu de façon théorique et pratique. Une bonne conduite de réunion répond à certains critères : efficacité, intégrité, autorité. Les réunions peuvent prendre différentes formes, les présidents de séance peuvent avoir des styles, des méthodes, des personnalités particulières, il n'en reste pas moins vrai qu'une réunion se prépare, s'organise et se déroule suivant des schémas précis. Nous avons donc essayé de vous rappeler les principes de base de toute bonne conduite de réunions en les assortissant des phrases, des structures et des expressions les mieux adaptées aux circonstances. Vous trouverez ainsi, placé face à face, ce que dirait un français et ce que dirait un anglais dans la même situation. Nous avons tenu compte des sensibilités propres à chaque nationalité et l'authenticité des deux langues a été notre premier souci.

C'est une approche à la fois didactique et réaliste que nous vous proposons ici. La méthode, la préparation, le déroulement d'une présidence réussie ont été soigneusement analysés, mais nous avons également voulu vous donner les moyens de réagir face à des situations de blocage, à des participants difficiles ou simplement à des moments de tension.

En possession des phrases et des expressions appropriées, il vous sera plus facile d'asseoir votre autorité et de mener à bien votre tâche dans une langue étrangère.

A self correcting test at the end of the book will enable you to practise what you have learnt.

Pour mettre en pratique vos connaissances, un test et sa correction ont été placés à la fin du livre.

Planning

Those who are experienced in chairing meetings know that planning plays a major role. The more thought that goes into a meeting, the greater the chances of success.

There are many things which must be clear in your own mind before you embark on a meeting. First of all you must think about the purpose that it serves. The ultimate goal you are working towards could be way beyond the meeting itself, which may simply represent a stage in a lengthy process. The meeting will nevertheless aim to achieve certain specific objectives. These may include the following:
- information giving
- information gathering
- information exchange
- problem solving
- generating ideas
- taking a decision
- reaching an agreement
- delegating tasks
- morale-boosting
- team-building

Chapitre 1
Planning et organisation

Les personnes qui ont l'habitude de présider une réunion savent que l'organisation joue un rôle majeur. La bonne préparation d'une réunion entraîne de meilleures chances de succès.

Beaucoup de choses doivent être bien pesées dans votre esprit avant de vous lancer dans une réunion. Tout d'abord, vous devez penser au but recherché. Les fins que vous poursuivez dépassent parfois la réunion elle-même qui ne représente qu'une étape d'un long processus. La réunion néanmoins vise à atteindre certains objectifs spécifiques parmi lesquels on trouve :

— donner des informations

— rassembler des informations

— échanger des informations

— résoudre un problème

— trouver des idées

— prendre une décision

— parvenir à un accord

— déléguer des tâches

— remonter le moral

— former une équipe

— keeping in touch.

Next you must draw up an agenda to suit your purpose. Ensure that the ordering of items is logical and well-balanced so that the debate will have a coherent structure. Lighter topics can sometimes be inserted between more complex items. Some meeting experts recommend drawing up the agenda with the minutes already in mind.

As you prepare the agenda, consult important participants and make sure that all those who are to attend will have a clear idea from your wording what tasks are expected of them both prior to and during the meeting. Decide upon the documents you will need to attach to provide background information for the participants.

Restrict attendance at the meeting to those you need to invite in order to achieve your aims.

Before convening the meeting, you should also arrange the best possible venue since this will contribute to creating the right atmosphere for the kind of meeting you are planning — grandiose if you want to impress or inspire, relaxed and comfortable if your are organizing a brainstorming session, and so on.

Ensure that the venue has any audio visual equipment or other facilities which you might require. Do not forget to arrange for refreshments to be served.

In addition, think carefully about seating arrangements. Some meeting experts hold that it is unwise to place two aggressive opponents directly opposite each other as this increases the risk of confrontation. People sitting next to or close to one another tend to behave in a more friendly manner.

When setting a time and date, check that key participants are able to attend and that all members will receive the papers well in advance of the meeting.

You may need to set up preliminary contacts with certain individuals before the meeting or you may even have to organize a preparatory meeting.

— maintenir de bons rapports.

Ensuite, vous devez établir un ordre du jour adapté au but. Assurez-vous que le déroulement des points à traiter est logique et équilibré afin que le débat ait une structure cohérente. Des thèmes mineurs peuvent être insérés entre des points plus complexes. Certains experts recommandent de **rédiger l'ordre du jour avec le compte-rendu déjà en tête.**

Quand vous élaborez l'ordre du jour, consultez les participants les plus importants et vérifiez que la rédaction permettra aux autres d'avoir une idée claire de ce que l'on attend d'eux, à la fois avant et pendant la réunion. Déterminez les documents que vous devrez joindre à l'attention des participants pour leur donner les informations nécessaires.

Choisissez soigneusement les personnes qu'il vous faudra inviter pour atteindre vos objectifs.

Avant de convoquer une réunion, vous devez également choisir un local bien adapté car il contribuera à créer l'atmosphère qui convient au type de réunion que vous préparez : grandiose, si vous voulez impressionner ou donner de l'inspiration ; simple et confortable, si vous organisez un « brainstorming ».

Vérifiez que la salle est pourvue des équipements visuels et du matériel dont vous aurez besoin. N'oubliez pas de prévoir des rafraîchissements.

En plus, veillez avec soin à la disposition des sièges. Des experts considèrent qu'il n'est pas judicieux de placer face à face deux adversaires agressifs ce qui augmente les risques de confrontation. Les personnes assises côte à côte ou près l'une de l'autre ont tendance à se comporter de manière plus amicale.

En fixant l'heure et la date, vérifiez que les intervenants clés sont disponibles et que tous les participants recevront les papiers avant la réunion.

Vous devrez peut-être établir des contacts préliminaires avec certaines personnes avant la réunion ou même organiser une réunion préparatoire.

Last but not least, some thought should be given to methods of control, for example, imposing time limits on speakers, on items or for the end of the meeting. Sometimes you may have a choice of ways to reach agreement, namely consensus, majority rule, secret ballot or show of hands. Choose the methods which suit your aims.

Finally, it will be your duty as chairperson to decide whether it is appropriate to prepare a speech of welcome or an introductory statement.

Dernière remarque mais pas la moindre, il faut bien réfléchir à la méthode, par exemple, minuter le temps de parole des intervenants, limiter le temps consacré à chaque point à l'ordre du jour, voire fixer une heure précise pour la fin de la réunion. Vous aurez parfois le choix des moyens pour parvenir à un accord : à savoir consensus, règle à la majorité, vote secret ou à main levée. Choisissez la méthode qui sert vos intérêts.

Enfin, il vous appartient en tant que président de décider s'il est approprié de préparer un discours de bienvenue ou un exposé d'introduction.

Chapter 2

Style of the chair

The style of the chairperson is closely related to the type of meeting, the roles he or she must take on and the tasks he or she must perform as well as to the personality of the individual.

FORMAL/INFORMAL

As in any public speaking situation, it is essential to be yourself when chairing a meeting, but if you adopt a formal style in an informal meeting, you will appear pretentious and distance yourself from the participants in the meeting. An informal manner in a large formal meeting is equally inappropriate.

To open an informal meeting you can start off:

- *O.K. Let's start.*
- *Right. Let's get down to business.*
- *I think it's time we got started.*

To end the meeting in the same style you will say:

- *O.K. That's it.*
- *Right. That just about winds it up.*

Le style de la présidence

Le style de la présidence est étroitement lié au type de réunion, aux rôles à jouer, aux tâches à assurer autant qu'à la personnalité de celui qui l'exerce.

FORMEL/INFORMEL

Comme dans toute situation où on doit parler en public, il est essentiel de rester naturel quand on préside une réunion, mais si vous adoptez un style formel dans une réunion informelle, on pensera que vous êtes prétentieux et que vous regardez les autres de haut. Une attitude informelle dans une grande réunion formelle sera tout aussi inappropriée.

Pour ouvrir une réunion informelle, vous pouvez commencer par :

- *Bien. Commençons.*
- *Bon. Mettons-nous au travail.*
- *Je crois que c'est le moment de commencer.*

Pour terminer une réunion du même type, vous direz :

- *Bon. Ça y est.*
- *On a réglé la question.*

- *Right. That's all for today.*
- *O.K. I think we've covered everything.*

In contrast, if you are chairing a formal meeting you will have to say:

- *Ladies and Gentlemen, I declare the meeting open/the meeting is adjourned/I declare the meeting closed.*

The formality of meetings depends on many things: size of membership, how frequently people meet and so on. In international, cross-cultural meetings, people generally feel that to avoid misunderstandings, courtesy is the best policy — they therefore tend to be more formal.

POSITIVE ATTITUDE

It is the chair's duty to create and maintain momentum by encouraging constructive participation from all group members so as to ensure that the meeting moves forward. Negative statements, such as "That won't work", discourage people from putting forward ideas and may even generate resentment. It is important to react positively to participants' suggestions, especially if the main objective is to obtain contributions:

- *That's a great idea. How can we go about achieving that ? (informal).*
- *That would be ideal. Can you see how we could implement it/how it would work in practice/how could we bring that about/ what would be the best way to achieve that ?*

Rather than criticize a proposal, it is better to acknowledge it with a positive remark and then follow with a question which will take the discussion forward:

- *That would certainly work, but couldn't we find a cheaper way of doing it ?*

- *Bien. C'est tout pour aujourd'hui.*
- *Bon. Je crois qu'on a tout vu.*

Au contraire, si vous présidez une réunion formelle vous devrez dire :

- *Mesdames et Messieurs, je déclare la réunion ouverte/la réunion ajournée/je déclare la réunion terminée.*

Le degré de formalité des rencontres dépend de beaucoup de choses : importance du nombre de participants, fréquence des réunions etc. Dans les réunions internationales et multiculturelles les participants pensent que la courtoisie est le meilleur moyen d'éviter les malentendus, c'est pourquoi ils ont tendance à être plus formels.

ATTITUDE POSITIVE

Il appartient au président de créer et d'entretenir une dynamique en stimulant la participation constructive de tout le groupe de façon à faire avancer les choses. Les remarques négatives comme « Ça ne marchera pas » découragent les gens, les empêchent de lancer des idées et provoquent même parfois du ressentiment. Il est important de réagir positivement aux suggestions des participants, particulièrement si l'objectif principal est de susciter les contributions :

- *C'est une bonne idée. Comment pouvons-nous y arriver ? (informel).*
- *Ce serait l'idéal. Voyez-vous comment nous pouvons le mettre en œuvre ?/comment on le ferait dans la pratique/comment nous pourrions provoquer cela ?/quel serait le meilleur moyen pour y parvenir ?*

Plutôt que de critiquer une proposition, il vaut mieux l'accueillir avec une remarque positive et ensuite enchaîner avec une question qui fera progresser la discussion :

- *Cela marcherait certainement, mais est-ce que nous ne pourrions pas trouver un moyen plus économique pour le faire ?*

● *That's certainly feasible. Would it be possible to improve on that though ?/Can you see a better way of doing it ?/Is there a quicker way to do it ?/Can you see how we can cut down on the cost ?/Is there a safer way of doing it ?/How could we overcome the administrative difficulties ?*

Sometimes simple words of encouragement can be helpful :

● *I think we're on the right lines/on the right track here.*

● *I believe we may be getting somewhere (informal).*

● *I feel that we are moving forward (formal).*

ASSERTIVENESS

The chair embodies authority in meetings. An authoritarian style is more frequently found and more easily accepted in downwards communication. But the chair always needs to show that he or she is in control and certain circumstances require more forcefulness.

If it is your task to inform a meeting about an unpopular decision, you will need to be firm. Use falling intonation as this conveys certainty :

● *The board has taken a decision on working hours... The decision is final so it is not our task today to discuss it.*

To put an end to a debate when there are no substantive objections and no better solutions available, the chair will need to be assertive :

● *Right. We've heard everyone now. As there have been no major objections, we can consider the proposal adopted. John will take care of the legal aspects and, Andrew, you see to the financial side.*

Authority is also needed in the chairman's role as regulator of the meeting. If things get a little out of hand, it is the chair's responsibility to re-establish order :

● *We can't all speak at once. We'll hear Mr. Smith first and then Mrs. Pierce.*

● *Could we please have one meeting ? (sarcastic humour)*

● *Could you please stick to the item on the agenda ?*

● *C'est certainement faisable. Est-ce qu'il ne serait pas possible d'améliorer la proposition ?/Voyez-vous un moyen de faire mieux ?/ Y a-t-il un moyen plus rapide de le faire ?/Voyez-vous comment nous pouvons réduire les coûts ?/Comment pourrions-nous résoudre les difficultés administratives ?*

De simples mots d'encouragement sont parfois utiles :

● *Je pense qu'on est sur la bonne voie.*

● *Je crois qu'on avance.*

● *Je crois qu'on progresse.*

ASSURANCE

Dans les réunions, le président représente l'autorité. Le style autoritaire est généralement le plus fréquent et le mieux accepté quand il s'agit de communication allant du sommet de la hiérarchie vers le bas. Mais le président doit toujours montrer qu'il contrôle la situation ce qui, dans certaines circonstances, demande de la force de caractère.

Si vous devez faire passer une décision impopulaire dans une réunion, vous devez être ferme. Baissez le ton de la voix, ce qui traduit la certitude :

● *La direction a pris une décision concernant les heures de travail... la décision est irrévocable, nous n'avons pas à la discuter aujourd'hui.*

Pour mettre fin à un débat, quand il n'y a pas d'objections fondamentales ni de meilleures solutions possibles, le président doit se montrer péremptoire :

● *Nous avons entendu tout le monde maintenant. Comme il n'y a pas eu d'objections majeures, nous pouvons considérer la proposition comme acceptée. Jean s'occupera des aspects juridiques et, André, voyez le côté financier.*

En tant qu'animateur de la réunion, le président doit aussi faire preuve d'autorité. S'il ne contrôle plus la situation, il lui appartient de rétablir l'ordre :

● *Nous ne pouvons pas tous parler à la fois. Nous entendrons d'abord M. Smith, puis Mme Pierce.*

● *Pourrait-on s'en tenir à une seule réunion, s'il vous plaît?* (ironie)

● *Pourriez-vous en rester à l'ordre du jour, s'il vous plaît?*

If someone is making jokes or is deliberately and repeatedly disruptive during a meeting, you may have to be more heavy handed:

- *Mr. Smithson, I shall have to call you to order.*

- *Mr. Smithson, I shall have to remind you how serious this question is.*

COURTESY AND FAIR-MINDEDNESS

Fortunately, these occasions are rare. There are times when an authoritarian tone could even be out of place and it is preferable to adopt a more conciliatory tone, for example, with peers especially if there are power struggles. Be courteous but not too informal as it lowers barriers and is therefore risky. Proposals go down better than orders in this context, but your tone should remain purposeful and business-like in order to ensure that you are taken seriously:

- *Shall we begin?*

- *Shall we take the minutes as read?*

- *We'll move on to item 2 now, shall we?*

- *We can come back to that later, can't we?*

It is wiser to make suggestions, rather than to give instructions:

- *Why don't we put it to the vote?*

- *Why don't we take a break?*

- *Shall we have a show of hands?*

- *John, do you think you could look into that point?*

- *That's your baby, Dave, isn't it?* (informal)

- *That's your area, isn't it?*

- *David, you're best qualified to deal with that one, aren't you?*

Linked to courtesy is the fair-mindedness and neutrality which is generally expected of the chair. The chairperson should ensure that all of the participants have a chance to speak:

- *We haven't heard Mr. Jones.*

- *Mr. Douglas, we would like to hear your view.*

Si un participant ne cesse de plaisanter ou cherche délibérément à semer la confusion, il vous faudra être plus direct :

● *M. Smithson, je dois vous rappeler à l'ordre.*

● *M. Smithson, dois-je vous rappeler à quel point cette question est sérieuse ?*

COURTOISIE ET ÉQUITÉ

Heureusement ces occasions sont rares. Il y a des circonstances où un ton autoritaire serait déplacé et il est préférable alors d'adopter un ton plus conciliant, par exemple, avec des pairs surtout s'il y a des conflits de pouvoir. Soyez courtois sans être trop informel car cela rapproche et peut être risqué. Les propositions passent mieux que les ordres dans ce contexte, mais votre ton doit rester décidé et professionel si vous voulez être pris au sérieux :

● *Nous commençons ?*

● *Adoptons-nous le compte-rendu tel quel ?*

● *Nous passons au point 2, n'est-ce-pas ?*

● *Nous y reviendrons, n'est-ce-pas ?*

Il est plus sage de faire des suggestions, plutôt que de donner des instructions :

● *Pourquoi ne pas mettre cela au vote ?*

● *Pourquoi ne pas faire une pause ?*

● *Nous pouvons faire un vote à main levée ?*

● *Jean, pensez-vous que vous pourriez examiner ce point ?*

● *C'est votre bébé, n'est-ce-pas, Dave ?* (informel)

● *C'est votre domaine, n'est-ce-pas ?*

● *David, vous êtes le plus qualifié pour vous occuper de ça, n'est-ce-pas ?*

L'équité et la neutralité que l'on attend généralement de la présidence sont liées à la courtoisie. Il faut veiller à ce que chacun puisse s'exprimer :

● *Nous n'avons pas entendu M. Jones.*

● *M. Douglas, j'aimerais avoir votre point de vue.*

All contributions should be welcomed with the same neutrality. The chair must refrain from making personal comments and should stop other meeting members from doing so.

● *We are not here to apportion praise or blame, we must concentrate on finding a solution.*

● *Gentleman, I must ask you to stick to the issues here.*

Another important role of the chairperson which requires courtesy is that of host. As we shall see, it is his or her duty to welcome participants and put them at ease, to see that people are introduced and that they have everything they need to take part.

Words of welcome include :

● *Nice to see you again (informal).*

● *I'm glad you could come. (When addressing one person)*

● *I'm pleased to see you were all able to make it (informal).*

● *I'm very pleased to welcome you here today (formal).*

If the meeting is a very large one, for example, a conference or a high-level diplomatic or political meeting, the chair has to draft and deliver a speech of welcome :

● *Madam President/Ladies and Gentlemen,*

● *It is a great honour and a pleasure for me to welcome you to this conference on industrial co-operation in the city of... whose history is closely associated with the birth and the growth of our industry.*

● *I am pleased to see from the numbers that have gathered here for these three days of talks, that there is very great interest amongst European enterprises in the themes of this conference.*

Toutes les contributions doivent être accueillies avec la même neutralité. La présidence doit s'abstenir de faire des remarques d'ordre personnel et empêcher les autres membres de la réunion de le faire.

● *Nous ne sommes pas ici pour distribuer des éloges ou des blâmes nous devons nous concentrer sur la recherche d'une solution.*

● *Messieurs, je dois vous demander de vous en tenir aux points étudiés ici.*

Un . autre rôle de la présidence qui demande de la courtoisie est celui d'hôte. Comme nous allons le voir, il est de son devoir d'accueillir les participants et de les mettre à l'aise, de veiller à ce que les présentations soient faites et que tout le monde ait ce qu'il faut pour participer aux débats.

Parmi les mots de bienvenue, on trouve :

● *Heureux de vous revoir. (Informel)*

● *Je suis content que vous ayez pu venir. (Quand il s'agit d'une seule personne)*

● *Je suis content de voir que vous êtes tous là. (Informel)*

● *Je suis ravi de vous accueillir ici aujourd'hui. (Formel)*

S'il s'agit d'une grande réunion, par exemple d'une conférence ou d'une réunion diplomatique ou politique de haut niveau, il y a lieu de préparer et de prononcer un discours de bienvenue :

● *Madame le président/Mesdames et Messieurs,*

● *C'est un grand honneur et un plaisir pour moi de vous accueillir à cette conférence sur la coopération industrielle dans cette ville de... dont l'histoire est étroitement liée à la naissance et au développement de notre industrie.*

● *En voyant l'assistance nombreuse qui s'est déplacée pour ces trois jours de discussions, je suis heureux de constater le grand intérêt des entreprises européennes pour les thèmes de cette conférence.*

● *This meeting is sponsored by... Its organization has benefited very substantially from the efforts of the Chamber of Commerce and the local authorities.*

● *I would like to express my deep gratitude for all the support which has been given for the organization of this conference.*

● *Cette réunion est parrainée par... Son organisation est due en grande partie aux efforts de la Chambre de Commerce et des autorités locales.*

● *Je voudrais exprimer ma profonde gratitude pour toute l'aide qui a été apportée à l'organisation de cette conférence.*

Introducing the meeting

Having welcomed the participants, the chairperson must then introduce the meeting. The introductory statement will vary considerably according to the type of meeting, but always requires careful preparation. A well-drafted agenda will have outlined the goals of the meeting clearly to enable participants to prepare for the meeting. The chair will nevertheless have to remind them of the issues at hand in order to concentrate people's minds on the task.

In the introduction, the chair sets the tone of the meeting. This involves conveying confidence in the participants and in their ability to achieve the goals of the meeting clearly, enabling attendees to be thoroughly prepared he or she sets out, giving them a sense of collective purpose.

SUBJECT

First the subject of the meeting must be announced:
- *The subject of today's meeting is...*
- *The main item on the agenda is...*
- *The subject we have to address today is...*
- *The issue I would like us to discuss is...*
- *We are here to discuss... staff regulations.*

Chapitre 3

Présenter la réunion

Après avoir accueilli les participants, le président doit présenter la réunion. Cette introduction varie considérablement suivant le type de réunion, mais demande toujours une bonne préparation. Un ordre du jour clairement rédigé aura défini l'objet de la rencontre. Le président devra néanmoins rappeler les points à débattre pour fixer l'attention des participants.

Dans l'introduction, le président marque le ton de la réunion. Entre autres, il montre la confiance qu'il a dans les membres du groupe et dans leur capacité à atteindre les buts qu'il a fixés en leur donnant le sens de l'intérêt commun.

OBJET

Tout d'abord il faut annoncer le sujet de la réunion :
- *La réunion d'aujourd'hui a pour objet...*
- *Le principal point à l'ordre du jour est...*
- *Le sujet que nous devons aborder est aujourd'hui...*
- *Je voudrais que nous discutions la question de...*
- *Nous sommes ici pour discuter... le règlement intérieur.*

REASON FOR THE MEETING

Next the reason for the meeting is generally given, which determines the type of meeting to be held:

- *This meeting has been called to inform you of the decision taken by the board on...*

- *As you know, we are here today to discuss...*

- *The aim of the meeting this morning is to have a free and open exchange of views on the new system.*

- *I have called this meeting to hear your views on...*

- *I don't need to remind you that we have to take a decision today on...*

- *Our sole objective today is to throw up as many ideas as possible on how to...*

- *I hope this meeting will allow us to get to know each other better.*

- *The plan has been approved by the board. Our main concern today is to delegate tasks and define areas of competence.*

- *We have a number of goals to achieve, firstly..*

- *The mandate which this working party has received from... is the drafting of guidelines for consumer organizations.*

FRAMEWORK OF THE MEETING

- *This meeting is being held as part of the talks between unions and management on workers participation.*

- *This meeting has been convened under the auspices of/ under the aegis of the O.E.C.D.*

- *This conference is sponsored by the European Association of...*

MOTIF DE LA RÉUNION

Ensuite on donne généralement le motif de la réunion qui en déterminera le type :

● *Cette réunion a été organisée pour vous informer de la décision prise par la direction sur...*

● *Comme vous le savez, nous sommes ici pour examiner...*

● *Le but de la réunion de ce matin est d'avoir un échange de vue franc et ouvert sur le nouveau système.*

● *J'ai organisé cette réunion pour avoir votre opinion sur...*

● *Je n'ai pas besoin de vous rappeler que nous devons prendre une décision aujourd'hui sur...*

● *Notre seul objectif aujourd'hui est de trouver le plus grand nombre d'idées possibles sur la façon de...*

● *J'espère que cette réunion nous permettra de mieux nous connaître...*

● *Le projet a été approuvé par la direction. Notre seul souci aujourd'hui est de répartir les tâches et de définir les domaines de compétence.*

● *Nous avons un certain nombre d'objectifs à atteindre, d'abord...*

● *Le mandat que ce groupe de travail a reçu de... est de rédiger les lignes directrices pour les organisations de consommateurs.*

CADRE DE LA RÉUNION

● *Cette réunion s'inscrit dans le cadre de discussions entre les syndicats et la direction sur la participation des travailleurs.*

● *Cette réunion a été convoquée sous les auspices de/sous l'égide de l'O.C.D.E.*

● *Cette conférence est parrainée par l'Association Européenne de...*

IMPORTANCE OF THE MEETING

By underlining the interest, the importance or the urgency of the task of the meeting, you will increase the involvement of the group members:

● *I'm sure I don't need to remind you of the importance of our task today.*

● *I'm sure everyone is aware of what is at stake here...*

● *The good name of our company is at stake here.*

● *The situation is a dire one. It calls for strong action.*

● *The situation requires that we take immediate action.*

● *Our decision today will have far-reaching consequences/ wide-ranging implications for the future of the company.*

● *The decision we take will have many repercussions. Each one of us will be affected in one way or another.*

WHAT IS EXPECTED OF PARTICIPANTS

Normally group members have a clear idea of what tasks they are expected to perform (either from the agenda or because there is a formal obligation to consult them). However, to avoid misunderstandings which waste time, it is best to make it clear whether an item is for information only, for discussion only or for discussion followed by a decision:

● *This question is for discussion only. The final decision will be taken by the board.*

● *Mr. Smith is going to present his report on the budget. I shall be glad to hear your reactions/comments but this is not an item for discussion today.*

● *We're here to take a decision on interest rates.*

IMPORTANCE DE LA RÉUNION

En soulignant l'intérêt, l'importance ou l'urgence de la réunion, vous augmenterez l'engagement des membres du groupe :

● *Je n'ai assurément pas besoin de vous rappeler l'importance de notre tâche aujourd'hui.*

● *Je suis sûr que chacun est conscient de ce qui est en jeu aujourd'hui.*

● *La réputation de notre société est ici en jeu.*

● *La situation est très grave. Il faut agir énergiquement.*

● *La situation demande que nous prenions des mesures immédiates.*

● *Notre décision aujourd'hui aura des conséquences profondes/ aura des implications multiples pour l'avenir de notre société.*

● *La décision que nous prendrons aujourd'hui aura de nombreuses répercussions. Chacun d'entre nous en sera affecté d'une façon ou d'une autre.*

CE QUE L'ON ATTEND DES PARTICIPANTS

Normalement, les membres du groupe ont une bonne notion de ce que l'on attend d'eux (soit grâce à l'ordre du jour soit parce qu'il y a l'obligation formelle de les consulter). Cependant, pour éviter les malentendus qui font perdre du temps, il est bon de faire savoir si un point est seulement pour information, à discuter uniquement, ou à discuter pour être suivi d'une prise de décision :

● *Cette question doit simplement être discutée. La décision finale sera prise par la direction.*

● *M. Smith va présenter son rapport sur le budget. Je serai heureux d'entendre vos réactions/vos commentaires mais ce n'est pas un point que nous discuterons aujourd'hui.*

● *Nous sommes ici pour prendre une décision sur les taux d'intérêt.*

If the goal of the meeting is to obtain information, explain how vital the co-operation of the group is for the decision. Show that individuals count and can influence the course of events :

● *We are very much in need of your expertise.*

● *We would greatly appreciate having the benefit of your expert knowledge here.*

● *Obviously a decision could not be taken without consulting the interested parties.*

● *Each of you has been personally selected to take part in this brainstorming session.*

● *All your comments are most welcome and will enable us to take the best possible decision for all the parties involved.*

PROCESS

The chair is the meeting manager. You must inform participants how you intend to run things, how the goals will be achieved.

First of all you must manage time :

● *We'll stop for lunch at one o'clock. We'll start again at two thirty and finish at five (informal).*

● *We shall adjourn at one o'clock. We shall resume at two thirty and close the meeting at five o'clock (formal).*

● *Many people have planes to catch so I would like us to finish at five thirty at the latest.*

You may have a strict timetable to respect. You can allocate a certain time to each item on the agenda according to its importance or complexity. You can also impose time limits on speakers :

● *Could I ask you to limit yourself to three minutes ?*

● *I'm afraid as we are short of time, I'll have to ask you to be brief and to respect a time limit of two minutes for each speaker.*

Si l'objet de la réunion est d'obtenir des informations, expliquez à quel point la coopération du groupe est vitale pour la décision. Montrez que les individus comptent et qu'ils peuvent influencer le cours des événements :

● *Nous avons un grand besoin de votre savoir.*

● *Nous aimerions beaucoup pouvoir bénéficier ici de vos connaissances en tant qu'expert.*

● *Il va de soi qu'une décision ne pourrait être prise sans avoir consulté les parties intéressées.*

● *Chacun d'entre vous a été personnellement choisi pour participer à cette séance de « brainstorming ».*

● *Toutes vos remarques sont les bienvenues et nous permettront de prendre les meilleures décisions possibles pour toutes les parties impliquées.*

DÉROULEMENT

Le président dirige la réunion. Vous devez informer les participants sur la façon dont vous allez procéder et sur la façon d'atteindre les objectifs.

Tout d'abord, vous devez gérer le temps :

● *Nous (nous) arrêterons pour déjeuner à une heure. Nous recommencerons à deux heures et demie et nous finirons à cinq heures (informel).*

● *Nous arrêterons à une heure. Nous reprendrons à deux heures et demie et nous lèverons la séance à cinq heures (un peu plus formel).*

● *Beaucoup de participants ont des avions à prendre, c'est pourquoi je vous demanderai de finir à cinq heures trente au plus tard.*

Il vous arrive parfois d'avoir un horaire très serré à respecter. Vous pouvez ainsi minuter chaque point de l'ordre du jour en fonction de son importance ou de sa complexité. Vous pouvez également imposer des temps de parole :

● *Puis-je vous demander de vous limiter à trois minutes.*

● *Je suis désolé mais nous avons peu de temps, je vous demanderai d'être bref et de respecter la limite de deux minutes par personne.*

● *It's Friday and we're all keen to get away reasonably early so I'm sure you won't mind sticking to the time limit.*

Time limits in the form of deadlines may be beyond the meeting itself but must be borne in mind:

● *We have a deadline to meet. Our draft proposal must be ready in time for the monthly meeting of the board on 12 July.*

● *As you know, our planning meetings must be completed by 12 December.*

● *I must remind you that we have to submit our report at the shareholders' Annual General Meeting next Friday.*

Make sure that group members are clear on the way the discussions will proceed:

● *We'll hear Mr. White's presentation and after that I'm sure he'll be glad to answer any questions you may have.*

● *We'll discuss this in three phases: cost, efficiency and then production time.*

Discussing things in the wrong order wastes a lot of time in meetings. For instance, in a problem-solving meeting, you may need to remind people to respect a logical order for the points of discussion. Most often these will be:

— problems,
— causes,
— possible solutions,
— best solution,
— implementation,
— delegation of tasks.

In a brainstorming meeting it is essential to recall the process.

● *C'est vendredi et nous désirons tous partir à une heure raisonnable, je suis sûr que vous ne verrez aucun inconvénient à respecter les contraintes horaires.*

Les contraintes de temps sous forme de délais s'imposent parfois en marge de la réunion proprement dite, mais doivent être présentes à l'esprit :

● *Nous avons un délai à respecter. Notre projet de proposition doit être prêt à temps pour la réunion mensuelle de la direction le 12 juillet.*

● *Comme vous le savez, vos réunions préparatoires doivent être terminées avant le 12 décembre.*

● *Je dois vous rappeler que nous devons soumettre notre rapport à l'Assemblée Générale annuelle des actionnaires vendredi prochain.*

Veillez à ce que les participants comprennent bien le déroulement de la réunion :

● *Nous entendrons la présentation de M. White et ensuite je suis sûr qu'il sera heureux de répondre aux questions que vous pourriez avoir.*

● *Nous discuterons cela en trois phases : coût, efficience, et ensuite délai de production.*

Ne pas discuter les choses dans l'ordre fait perdre beaucoup de temps dans les réunions. Par exemple, quand il y a un problème à résoudre, il est bon de rappeler aux participants la nécessité de suivre l'ordre logique dans la discussion des points à débattre, à savoir, le plus souvent :

— les problèmes,
— les causes,
— les solutions possibles,
— la meilleure solution,
— la mise en œuvre,
— la répartition/délégation des tâches.

Dans une réunion de «brainstorming», il est essentiel d'en rappeler le déroulement :

● *Let's have as many ideas on the table as possible, no matter how far-fetched/wild/way out they may seem, and no comments on them in the initial stage, please. I must ask you to suspend your judgement for the time being. When we have at least... ideas on the board, we'll examine them according to strict criteria.*

Tell participants about the methods that will be used to make a decision :

● *We have been asked to submit three possible solutions. The Committee will choose the one they prefer, but the final decision lies with the board.*

● *I would like to hear your view before I take the decision.*

● *I hope we can reach a consensus on the best choice.*

If your introduction makes everything clear from the start in this way, you will have less difficulty in keeping the meeting on course, time will not be wasted and you will increase your chances of achieving your goals.

● *Mettons sur la table autant d'idées que possible, peu importe si elles sont tirées par les cheveux (informel)/extravangantes/excentriques, et pas de commentaires à ce stade initial, s'il vous plaît. Pour le moment, je dois vous demander de vous garder de tout jugement. Quand nous aurons au moins... idées inscrites au tableau, nous les étudierons en fonction de critères stricts.*

Informez les participants de la méthode qui sera utilisée pour prendre une décision :

● *On nous a demandé de soumettre trois solutions. Le Comité choisira celle qu'il préfère, mais la décision finale appartient à la direction.*

● *J'aimerais avoir votre avis avant de prendre une décision.*

● *J'espèce que nous pourrons avoir un consensus sur le meilleur choix.*

Si votre introduction est claire dès le départ vous aurez moins de difficultés à diriger la réunion, le temps ne sera pas perdu et vous augmenterez vos chances d'atteindre votre but.

Chapter 4

Introducing participants

Meetings are strongly influenced by the style of the chair. Some chairmen are authoritarian and insist on controlling the whole process of the meeting, which includes introducing participants as well as determining the acceptability, the order and the length of contributions. Others, however, only step in when there is confrontation. The type of meeting will also determine the choice of style.

The chair may introduce participants, or they may introduce themselves, usually when asked by the chair to do so:

- *Ladies and Gentlemen, first could I ask each person to introduce himself (or herself); we'll go round the table.*

If you want to have more information, you can specify:

- *Could I ask you to give your surnames and first names / to name the department you are working in / to indicate which firm you work for / which firm you belong to.*
- *I don't think you all know each other. We'll go round the table starting on my right.*

If all those present know each other, one word will be enough:

- *We've all met before (informal).*

Chapitre 4

Présentation des participants

Une réunion est fortement influencée par le style du président. Certains sont très directifs et prennent en main le déroulement de la réunion dans ses moindres détails depuis la présentation des participants jusqu'aux différentes interventions dont ils contrôlent l'opportunité, l'ordre et la durée. D'autres, au contraire, n'interviennent qu'en cas de conflit. Le style adopté dépend également du type de la réunion.

La présentation des participants peut être faite par le président ou bien ils se présentent eux-mêmes, les plus souvent à la demande du président de séance :

● *Messieurs, nous allons procéder à un tour de table, je vous demanderai de vous présenter.*

Dans le cas où on veut obtenir certaines informations, il faut le préciser :

● *Je vous demanderai de donner vos noms et prénoms / de rappeler le service dans lequel vous travaillez / d'indiquer la firme qui vous envoie / à laquelle vous appartenez.*

● *Je crois que vous ne vous connaissez pas tous. Nous allons faire un tour de table, en commençant à ma droite.*

Si tout le monde se connaît, une seule phrase suffit :

● *Tout le monde se connaît (informel).*

- *I believe you all know each other.*
- *Apart from Mr. X, you are all in the same department. Mr. X is our new accountant. He is taking over from Mr. Y who left us last month / He's standing in for Mrs. V who is on sick leave.*

In some cases the chair will do the introductions himself to save time :

- *Mr. X on my right is working in the Finance Department / is in charge of the Technical Department / is deputy head of the Training Department / is Mrs. F's right-hand man / has been secretary-general in our company for ten years / runs our in-house training courses / took part in the reform programme / is here as an observer / is here as a permanent member of our association / has been with our paper since it was first launched / is our legal/tax adviser / is in the diplomatic service / is a member of the staff committee.*

At the same time you can highlight professional attributes :

- *Mr. X carried out the study for us on...*
- *Mrs. Z is in charge of / is responsible for managing...*

- *Miss O has published several works on...*
- *Mr. Durand and Mr. Smith worked first in London, then Tokyo and Washington.*

Or, more simply, you can say :
- *Mrs. K from Euro, Mr. L from Muller & Co., etc.*

If an introduction is too brief or if you have a particular point to add, you can say :

- *Mr. N is too modest; he spent several years at New W. where he showed himself to be an invaluable asset.*
- *Mr. G also played an important role in the Taussat agreements.*

Sometimes you may need to explain why certain participants are present :

● *Je crois que vous vous connaissez.*

● *A l'exception de Monsieur X, vous appartenez tous au même service. Monsieur X est notre nouveau comptable, il remplace désormais Monsieur Y qui nous a quittés le mois dernier | provisoirement Madame V en congé de maladie.*

Dans certains cas, le président de séance présente lui-même les participants. Cela lui permet d'éviter des présentations trop longues :

● *M. X assis à ma droite travaille au service financier | est responsable du service technique | est directeur adjoint de l'unité formation | est le bras droit de Madame F | occupe les fonctions de secrétaire général dans notre entreprise depuis dix ans | anime les cours de formation et de promotion au sein de notre entreprise | a participé à l'élaboration du programme de réformes | est ici à titre d'observateur | en qualité de membre permanent de notre association | collabore à notre journal depuis sa création | est notre conseiller juridique/fiscal | fait partie du service diplomatique | appartient au comité du personnel.*

En même temps, il peut mettre en évidence certains aspects des activités professionnelles des participants :

● *Nous devons à M. X une étude sur...*

● *Madame Z a sous ses ordres | sous sa coupe | sous sa responsabilité la gestion de...*

● *Mademoiselle O a publié plusieurs ouvrages sur...*

● *Messieurs Durand et Smith ont travaillé successivement à Londres, Tokyo et Washington.*

ou beaucoup plus simplement :

● *Madame K de la firme Euro, Monsieur L de chez Muller & Co, etc.*

On peut également intervenir après une présentation individuelle, si on désire ajouter un élément supplémentaire ou si on juge la présentation trop succincte :

● *Monsieur N est trop modeste, il a également à son actif plusieurs années d'excellents services chez New W.*

● *Monsieur G a également joué un rôle important dans les accords de Taussat.*

Il faut parfois expliquer la présence de certains participants dont la participation à la réunion ne semble pas justifiée :

● *Some of you will be surprised to see Mr. Beaulieu here with us. We have decided to invite the Financial Department to take part in our research.*

● *Mr. X is here to liaise with the press. It's the first time we have done this / that this has been done / It's the first time ever, I know, but we feel that in these days of communication things should be done in the open.*

In more formal meetings or at a conference, if you wish to show that a speaker is particularly important, these are the most usual expressions :

● *I'm very pleased/delighted to introduce Mr. X./It is with great pleasure that I introduce Mr. X.*

● *I have the honour (very formal) to introduce Mr. B who has come from Buenos Aires to talk to us about molecular research.*

● *We are fortunate to have with us today one of the most eminent representatives of the pharmaceutical industry.*

● *It is a pleasure / a great pleasure to welcome here today Mr. N.*

● *Mr. V. has been kind enough to travel here today to present his latest generators which will be available next March.*

If you have to introduce a newly recruited colleague, the introduction will be more complete. Whether the person is a superior or a subordinate, the introduction will have an influence on future relationships. You may stress experience :

● *Mrs. X comes from the public sector. First of all she worked in the Department of Trade and Industry as a special adviser, then at... and then...*

● *Mr. Dupond has run several companies / has been Personnel Manager of the firm for many years. His help / his advice will be most useful / valuable.*

● *Certains d'entre vous seront étonnés de la présence de Monsieur Beaulieu parmi nous, nous avons décidé d'associer la direction du budget à nos recherches.*

● *Quant à Monsieur X, il est là pour assurer le lien avec la presse. C'est la première fois que nous le faisons / que cela se fait. C'est une première (informel), je sais mais à une époque où on parle beaucoup de communication, il nous paraît important d'agir avec transparence.*

Dans des réunions plus formelles ou dans le cadre d'une conférence, si on veut marquer l'importance que l'on accorde à l'une des personnes, les phrases les plus courantes sont :

● *J'ai le plaisir de vous présenter M. X.*

● *J'ai l'honneur (très formel) de vous présenter M. B, il vient de Buenos Aires pour nous parler de la recherche moléculaire.*

● *C'est avec une grande joie / une grande satisfaction que je vous présente / que je me permets de vous présenter...*

● *Nous avons le plaisir d'avoir parmi nous / d'avoir à nos côtés un des plus éminents représentants de l'industrie pharmaceutique.*

● *C'est pour nous un plaisir / une grande joie / un honneur d'accueillir parmi nous Monsieur N.*

● *M. V a bien voulu se déplacer pour nous présenter les nouveaux modèles de générateurs qui seront en service dès mars prochain.*

On peut être amené à faire une présentation beaucoup plus complète dans le cadre d'un nouveau recrutement. Qu'il s'agisse d'un collaborateur ou d'un supérieur, la présentation aura une influence sur les rapports qui s'établiront par la suite. On peut accentuer le côté expérience :

● *Madame X vient du secteur public. Elle a travaillé successivement au Ministère du Commerce et de l'Industrie comme conseiller spécial, puis à... et enfin à...*

● *Monsieur Dupond a dirigé plusieurs entreprises / a assuré pendant de nombreuses années les fonctions de chef du personnel de la firme. Son aide nous sera très utile/précieuse.*

● *Mr. R's career has followed the usual path.*

● *Mr. R has had an exceptional / unusual career / has had experience in many different areas. He is a self-made man, he is self-taught.*

● *Mrs. T first practised law for 5 years before joining the bank where she had to run / reorganize / develop...*

You may mention qualifications:

● *Mr. X has a degree in mathematics / in economics / is a Master of Arts.*

● *Mr. B graduated from / is a graduate of the National Administration School / one of the top universities / the Ivy League (U.S.)...*

Some people may be well-known, and need no introduction:

● *Everyone knows Mrs. N.*

● *Mr. F needs no introduction from me. His work / research / books / studies / writings have had a strong influence on advertising / needs analysis / contemporary thought, etc.*

● *Following his outstanding career as chairman of...*

● *Mr. N is widely recognized as the top specialist on...*

You may wish to mention a person's reputation:

● *Mrs. R has a reputation for being efficient, dynamic, demanding of herself and others, hard-working.*

● *He is very active and has great strength of character. He is methodical and pragmatic.*

● *Monsieur R a eu un parcours classique.*

● *Monsieur R a eu un parcours exceptionnel / peu commun / original / une expérience très diversifiée. Il s'est formé tout seul, c'est un autodidacte.*

● *Madame T a d'abord exercé la profession d'avocat pendant cinq ans avant d'entrer à la Société Générale où elle a dû gérer / réorganiser / élaborer...*

ou le côté diplômes :

● *Monsieur X est licencié * en mathématiques / a une licence * de mathématiques / est titulaire d'une licence en économie / d'une maîtrise de lettres.*

● *Monsieur B a fait l'E.N.A. * (il est énarque) / sort de polytechnique (il est polytechnicien).*

● *Il est à la fois énarque et polytechnicien.*

● *Il est agrégé de lettres, normalien, etc.*

ou encore le côté renommée :

● *Tout le monde connaît Madame N.*

● *Je n'ai pas besoin de présenter Monsieur F, ses travaux / ses recherches / ses livres / ses études / ses écrits ont largement influencé la publicité / l'analyse des besoins / la pensée contemporaine, etc.*

● *Après une brillante carrière à la tête de...*

● *M. N est reconnu partout comme le meilleur spécialiste en...*

ou enfin le côté réputation :

● *Madame R a la réputation d'être une femme efficace, dynamique, exigeante pour elle et pour les autres, travailleuse.*

● *C'est un homme énergique, d'une grande force de caractère qui agit avec méthode et pragmatisme.*

---

* Les diplômes et les écoles n'ont pas été traduits.

• *He is known for his charisma, tact, negotiating skill, etc.*

• *He is a person who sees things through, has always been highly regarded by those with whom he has worked.*

• *He is conciliatory, amenable, open to other people's views, he's a good listener, he delegates responsibility, he is capable of recognizing ability. He is trustworthy, fair-minded, etc.*

● *Il est connu pour son charisme, son tact, ses qualités de négociateur, etc.*

● *C'est quelqu'un qui va jusqu'au bout de ses idées / qui a toujours su se faire apprécier là où il est passé.*

● *C'est quelqu'un de conciliant, de souple, à l'écoute des autres, qui sait écouter, qui délègue les responsabilités, qui sait reconnaître les mérites, honnête, juste, etc.*

Chapter 5

Giving and taking
the floor

The success of a meeting depends very much on the chair. He will only achieve his aim if the meeting has been well prepared. From the outset, he will bear three principles in mind: goal, time and efficiency, carefully calculating the time he allows each person to speak and the order in which he gives the floor. The order of speakers may influence attitudes and perhaps even decisions. The chair will often have had preliminary contacts before the meeting so that he is already aware of the positions of some of the participants concerning the issues on the agenda. By choosing to give the floor at one moment rather than another, he will be able to influence the course of the meeting. This kind of psychological tactic is not always used in meetings. Sometimes the chair is simply a moderator — his role is confined to ensuring that everyone has a chance to speak.

Once he has opened the meeting and introduced the participants, the chair usually begins by making sure everyone has received the necessary documents:

- *I hope that everyone has the documents.*

Donner et reprendre la parole

La réussite d'une réunion tient en grande partie à la personnalité du président. Celui-ci ne pourra mener à bien sa tâche que si la réunion a été bien préparée. Dès le début de la réunion, il aura à l'esprit la combinaison : *objectif, temps, efficacité.* La durée qu'il accordera à chaque intervention, l'ordre dans lequel il donnera la parole seront guidés par ces impératifs. Il va de soi que ces choix ne sont pas innocents. Les orientations et parfois même les décisions seront influencées par cet ordre. Des contacts ont souvent été établis avant la réunion, le président connaît déjà les positions de certains participants sur les sujets à l'ordre du jour de la réunion. En leur donnant la parole à un moment plutôt qu'à un autre, le président de séance pourra orienter le cours de la réunion dans le sens qu'il souhaite. Cet aspect à la fois psychologique et tactique n'intervient pas dans toutes les réunions. Le rôle du président se borne parfois à veiller à ce que tous les participants puissent intervenir, il n'est alors qu'un simple régulateur.

Après avoir fait les différentes présentations de la réunion et des participants, le président commence souvent par s'assurer que chacun a bien reçu les documents nécessaires :

● *J'espère que chacun de vous a bien reçu les documents.*

- *I personally made sure that you all received the documents in good time.*
- *You have before you the Ministry of Employment's report.*

- *You will find different copies of... on your table.*
- *For those of you who have not received the documents, there are still a few copies available near the door/we have prepared some photocopies for you.*

You may now give the floor to the first speaker :

- *Right. I think we can start.*
- *I would like Mr. Paris to tell us...*

- *Mr. Paris, could you put us in the picture ?*
- *Mr. Paris is going to present this term's financial statement/ clarify a few points/summarize the situation.*
- *After that, everyone will be able to give his view/express his opinion/his wishes/make a proposal/make a counter-proposal.*

- *To clarify things, we'll go round the table to seek views.*

At the end of the presentation you generally thank the speaker :

- *Thank you for this excellent presentation/brief introduction.*

Now you can give the floor to one of the participants. Examples with closed questions include :

- *Does this presentation reflect your view of the situation/fit in with the way you see the situation (informal) ?*
- *Do you share Mrs. Lefranc's approach/analysis ?*

Here the chairperson may try to influence the reply :

- *This is an excellent report. Wouldn't you agree Mr. Durand ?*

- *J'ai veillé personnellement à ce que vous ayez tous les documents en temps utile.*
- *Vous avez devant les yeux le dernier rapport envoyé par le Ministère du Travail.*
- *Vous trouverez sur votre table différents exemplaires de...*
- *Pour ceux qui n'ont pas reçu les documents, il reste quelques exemplaires à votre disposition près de la porte/nous avons mis à votre disposition des photocopies...*

Vous pouvez maintenant donner la parole au premier intervenant :

- *Bien, je crois que nous pouvons commencer.*
- *Je demanderai à Monsieur Paris de bien vouloir nous rappeler...*
- *Monsieur Paris pourriez-vous nous rappeler...*
- *Monsieur Paris va nous présenter le bilan de la session/ donner quelques précisions/résumer la situation.*
- *Ensuite chacun pourra donner son avis/exprimer son opinion/exprimer ses souhaits/faire une proposition/faire une contre-proposition.*
- *Pour plus de clarté, nous ferons un tour de table.*

Après une présentation ou un exposé de la part d'un participant, on prononce généralement quelques mots de remerciements :

- *Je vous remercie de cette excellente présentation/de cette brève introduction.*

et on donne la parole à l'un des participants, soit avec des questions fermées :

- *Cette présentation est-elle conforme à votre vision de la situation ?*
- *Partagez-vous l'approche/l'analyse de Madame Lefranc ?*

quelquefois en influençant la réponse :

- *C'est un excellent rapport n'est-ce pas Monsieur Durand ?*

Open questions include :
- *Mr. Dupond, what do you make of this report/of this analysis ?*
- *Mr. X, I would like to have your view on this new proposal.*

Once again some chairmen may try to give the answer a positive or negative bias :
- *What's your view of this very comprehensive analysis ?*
- *How do you feel about these disappointing results ?*
- *These are not very convincing arguments. Mr. Lenoir, what's your feeling on this ?*

A look on someone's face can prompt you to give them the floor :
- *From what I see quite a lot of you are somewhat worried. Any objections to the idea of bringing forward the starting date ?*

- *I know that Mr. X is delighted. He has been calling for an increase for some time.*
- *Mr. J is looking unmistakably happy. I believe you're satisfied with the agreement. Isn't that right ?*
- *Mr. X doesn't seem convinced. What is bothering you ?*

When one participant has given his view, you can give the floor to another person, knowing what his reaction will be :
- *I think that Mr. X will have something to add.*
- *Your proposal seems to be in line with the new training policy. What's your view, Mr. X ?*
- *I'm sure Mr. X has strong feelings on this.*

- *This proposal should get the agreement/the go-ahead/the support of Mrs. T/the approval of the Finance Department. What do you think, Henry ?*

ou par des questions ouvertes :

● *Monsieur Dupond, que pensez-vous de ce rapport/de cette analyse ?*

● *J'aimerais connaître votre avis, Monsieur X, sur cette nouvelle proposition ?*

de la même façon, on peut influencer la réponse par un commentaire positif ou négatif :

● *Que pensez-vous de cette analyse très complète ?*

● *Que pensez-vous de ces résultats décevants ?*

● *Ces arguments sont peu convaincants. Qu'en pensez-vous Monsieur Lenoir ?*

Vous pouvez noter quelques réactions sur le visage de certains participants et les utiliser pour donner la parole :

● *Je crois déceler une certaine inquiétude chez bon nombre d'entre vous. Voyez-vous une objection à ce que la date des travaux soit avancée ?*

● *Je sais que cette proposition réjouit Monsieur X..., il réclamait une augmentation depuis longtemps.*

● *Je vois des signes évidents de satisfaction chez Monsieur J. Vous êtes satisfait, je pense, de cet accord.*

● *Monsieur X ne semble pas convaincu. Quelles sont vos craintes ?*

Vous pouvez anticiper et prévoir une intervention à la suite d'une remarque de l'un des participants :

● *Je pense que M. X aura quelque chose à ajouter.*

● *Il me semble que votre proposition va dans le sens de la nouvelle politique de formation. Qu'en pensez-vous Monsieur F ?*

● *Cette précision ne laissera certainement pas Monsieur X indifférent.*

● *Cette nouvelle proposition devrait remporter l'accord/l'aval/ le soutien de Madame T/l'approbation du service financier. Qu'en pensez-vous Henri ?*

Once again, the chair may try to influence not only the next speaker but also the whole meeting, this time by stating his own view clearly. This may have some weight:

● *Your idea is clever/interesting/original. I'd like to know if Mr. B shares my opinion.*

or, on the contrary:
● *It's a bit risky. What do you think, Mr. T ?*
● *I'm rather sceptical myself. However, I'd like to hear Miss. Gibret's view ?*

In the previous examples the chair names the person he invites to speak, but he can address his comments to all the participants:
● *Who would like to make an observation/a comment ?*
● *Would anyone like to come in here ?*
● *Gentlemen, do you have any objections ?*
● *Has anyone anything further to add ?*
● *Gentlemen, if you would like to speak to this point, now's the time to do so, before we move on to the next item on the agenda.*
● *Since there are no further remarks/questions, we can proceed to the next item on the agenda.*

In an informal meeting the style is more direct:

● *No questions ?*
● *No objections ?*
● *So we all agree ?*

Vous pouvez, une fois encore, influencer non seulement la personne à qui vous donnez la parole mais aussi les autres participants en faisant connaître votre avis. En effet, on saura désormais quel est l'avis du président. C'est un élément qui entre en ligne de compte :

● *Votre idée est astucieuse/intéressante/originale, j'aimerais savoir si Monsieur B partage mon avis.*

ou au contraire :

● *C'est un peu risqué, qu'en pensez-vous Monsieur T ?*

● *Quoiqu'un peu sceptique, j'aimerais avoir l'opinion de Mademoiselle Gibret.*

Dans les phrases précédentes, le président de séance choisit nominativement la personne à qui il donne la parole. Il peut aussi s'adresser à tous :

● *Qui a une remarque/un commentaire à faire ?*

● *Est-ce que quelqu'un souhaite intervenir ?*

● *Messieurs, avez-vous des objections ?*

● *Quelqu'un a-t-il quelque chose à ajouter ?*

● *Messieurs, si vous voulez intervenir, je crois que c'est le moment avant que nous passions au point suivant de l'ordre du jour.*

● *Puisqu'il n'y a pas d'autres remarques/d'autres questions, nous pouvons passer au point suivant.*

Si la réunion est informelle, le style est beaucoup plus direct :

● *Pas de questions ?*

● *Pas d'objections ?*

● *Tout le monde est d'accord ?*

As we have seen, giving the floor can be of strategic importance. It requires analytic powers and a methodical approach. Taking the floor, in contrast, requires authority. Words alone will not confer authority. Sometimes the role itself may do so, but generally it is personal qualities which make an efficient, well-respected chairman. However, even if you are not naturally assertive, you can be a good chair with good planning and practice. A well-drawn up agenda is required for an effective meeting and the chair's role is to ensure that the items are dealt with methodically, and that the discussion moves on to the next subject when the time has come. This can be done when the last speaker has finished:

- *We have covered everything.*
- *I think it's time to move on to the next item on the agenda.*
- *There are still three items to be considered and we only have an hour left.*

You may also interrupt a speaker:
- *Thank you for the clarification. We must stick to the items on the agenda. Now we must address the problem of allocating rooms.*
- *There is no point in discussing this any further. Let's look at the impact this news will have on our suppliers.*

When the remarks are related to the subject but would make you lose sight of the main issue, it is best to point this out immediately to avoid getting sidetracked:
- *You are perfectly right to link these points, but we cannot possibly go into that now.*

- *We'll take this up in another meeting.*
- *We'll devote a whole meeting to the study of...*

Dans les exemples précédents, le président de séance donnait la parole. Pour des raisons de stratégie que nous évoquions plus haut, l'acte de donner la parole est important. Il fait appel à des qualités d'analyse, de méthode. A l'inverse, prendre la parole exige de l'autorité. Celle-ci ne s'acquiert pas uniquement avec des mots. Quelquefois la fonction à elle seule vous donne l'autorité mais le plus souvent ce sont des qualités personnelles qui font d'un président de séance un homme efficace, respecté et reconnu. Une bonne préparation et la pratique vous permettront néanmoins d'être un bon président de séance même si vous n'êtes pas d'un naturel autoritaire. Les réunions efficaces sont celles où l'ordre du jour a été clairement établi. Le rôle du président est alors de veiller à ce que les points soient traités de façon méthodique. C'est à lui d'indiquer le moment de changer de sujet, soit après une intervention :

● *Nous avons fait le tour du problème.*

● *Je crois qu'il est temps de passer au point suivant.*

● *Il reste encore trois points à voir et nous n'avons plus qu'une heure.*

soit en interrompant quelqu'un :

● *Merci de cette précision. Nous devons respecter l'ordre du jour et aborder maintenant le problème de la répartiton des salles.*

● *Je crois qu'il est inutile de s'étendre sur ce sujet. Voyons plutôt l'impact qu'aurait cette nouvelle sur nos fournisseurs.*

Dans le cas où l'intervention est bien liée au sujet mais entraînerait trop loin, il faut le signaler immédiatement pour ne pas se laisser déborder :

● *Vous avez parfaitement raison de rapprocher ces deux éléments mais nous ne pouvons pas nous permettre de les étudier maintenant.*

● *Ce problème fera l'objet d'une autre réunion.*

● *Nous consacrerons une réunion entière à l'étude des...*

● *We do not have time to examine the risks of... today.*

If a speaker gets sidetracked, the chair must interrupt, first with tact and, if that should fail, with assertion :

● *I'm terribly sorry, but we agreed to examine only infringements related to speeding offences.*
● *Ladies and Gentlemen, please could you stick to items on the agenda.*
● *We must stick to the problem of...*
● *That is not related to the subject under discussion.*

● *Nous n'avons pas le temps d'étudier aujourd'hui les risques de...*

Si l'intervenant s'éloigne du sujet, là aussi, il faut intervenir, d'abord avec tact puis de façon énergique si la première méthode n'a pas porté ses fruits :

● *Je suis désolé, mais nous sommes convenus de voir uniquement les infractions liées aux problèmes d'excès de vitesse.*

● *Messieurs, je vous demanderai de ne pas vous éloigner de l'ordre du jour.*

● *Le problème de... doit seul retenir notre attention.*

● *Ceci n'est pas lié à ce qui nous préoccupe aujourd'hui.*

Chapter 6

Restating/summarizing

Misunderstandings cause mistakes and are often responsible for loss of time, energy and even money, if the cost of meetings is calculated. It is difficult to avoid all misunderstandings, but it is possible to limit the number if you make a point of restating or summarizing. It is not necessary to do so systematically, but after long contributions one is well-advised to summarize the main points to ensure that everyone has understood. Unclear contributions also need to be rephrased. This makes the task of writing the minutes easier, which once again saves considerable time and avoids the problem of having to re-draft minutes which do not reflect the opinions expressed in the meeting.

Summarizing requires clear-thinking and the ability to synthesize. It means stating the crux of the matter in simple words. The following are expressions for presenting a summary — in the first case, after one person has spoken :

● *If I'm not mistaken, you're suggesting we look for a method of calculation which adjusts for seasonal variations.*

● *If I've understood you correctly, none of the proposals on the table is acceptable to you.*

● *In brief, you are in favour of the project on condition that part of the capital is private.*

Chapitre 6

Reformuler

Les malentendus engendrent beaucoup d'erreurs et sont bien souvent la cause de perte de temps, d'énergie et même d'argent si on calcule le coût des réunions. S'il est difficile d'éviter tous les malentendus, on peut au moins les limiter en prenant soin de «reformuler». Sans le faire systématiquement, il est bon après les interventions longues et complexes de reprendre brièvement le contenu pour s'assurer que tout le monde a bien compris. Reformuler est également nécessaire après certaines interventions confuses. Cela facilite aussi le travail de celui qui est chargé du compte-rendu. Là encore, le gain de temps sera appréciable. Cela évitera de refaire les comptes-rendus qui ne correspondent pas aux opinions émises pendant la réunion.

Reformuler demande un esprit clair et synthétique. Il faut aller à l'essentiel avec des mots simples. Nous ne verrons ici que les phrases qui vous permettent de présenter cette reformulation. Il s'agira parfois d'une intervention individuelle :

● *Si je vous ai bien compris, il s'agit de trouver un mode de calcul qui tienne compte des variations saisonnières.*

● *Si je vous ai bien suivi, aucune des propositions que nous avons ici ne vous paraît acceptable.*

● *En somme, vous seriez assez favorable à ce projet si une partie des capitaux était apportée par des particuliers/privée.*

– Secondly, you may have to summarize the feeling of all the participants :

● *So Mr. R has not taken a position ; Mr. O feels it would be possible if the employees were prepared to make an effort ; Mr. T on the contrary, is strongly opposed to the project which he claims would harm workers' interests ; and Mr. H has refrained from giving his view.*

● *To avoid any misunderstanding, I shall briefly summarize the views that have been expressed so far.*

You can also make a point of rephrasing at regular intervals. This is a way of reviewing the situation.

● *I think it is time to review the situation.*

● *At this stage in the meeting, we can say that...*

● *Before we go any further/Before we move on, let us review the arguments in favour and those against/let's try to get a clearer picture of the situation (informal).*

You can rephrase and then draw some conclusion :

● *If you agree to/if you are prepared to accept the new tariffs/ reduce production costs/provide training/curb absenteeism/fight against the breaking of rules, I feel it would be possible to avoid reductions in staff.*

● *If I have understood correctly, Mr. Foi has just undertaken to deliver the appliances by the end of May, so there is no reason now to refuse his offer.*

● *Mr. and Mrs. Dupont have just given us three reasons for reserving their position in the N.L.F. affair. Firstly, there is not enough information available, secondly,..., thirdly..., therefore I feel it would be dangerous/risky/foolhardy to pursue this matter.*

● *As Mr. Le Feu has just explained that his plan is to apply the same tariff to all articles, I infer/presume/take it (informal) that luxury products are included.*

ou encore de la position de tous les intervenants :

● *Alors, Monsieur R n'a pas encore pris position, Monsieur O pense que ce serait possible avec un effort de la part des salariés. Monsieur T au contraire est hostile à ce projet qui nuirait, selon lui, à l'intérêt des travailleurs, quant à Monsieur H, il n'a pas voulu s'exprimer.*

● *Afin d'éviter tout malentendu, j'aimerais reprendre rapidement les différentes opinions exprimées.*

On peut également prendre l'habitude de reformuler à intervalles fixes. C'est une manière de faire le point :

● *Je crois qu'il serait bon de faire le point.*

● *A ce stade de la réunion, nous pouvons dire que...*

● *Avant d'aller plus loin/avant de poursuivre, reprenons les différents arguments pour et les différents arguments contre. Nous y verrons plus clair (informel).*

Vous pouvez reformuler et en tirer certaines conséquences :

● *Si vous êtes d'accord pour.../si vous êtes prêts à accepter les nouveaux tarifs/alléger les coûts de production/offrir une formation/contrôler l'absentéisme/lutter contre les abus, il me semble alors possible d'éviter une réduction des effectifs.*

● *Si j'ai bien saisi, Monsieur Foi vient de nous dire qu'il s'engageait à nous livrer les appareils pour fin mai, dans ce cas nous n'avons plus aucune raison de refuser son offre.*

● *Monsieur et Madame Dupont viennent de nous donner trois raisons pour réserver leur position dans l'affaire N.L.F. : premièrement le manque d'information, deuxièmement..., troisièmement..., je crois que dans ces conditions il serait hasardeux/risqué/inconscient de se lancer dans cette affaire.*

● *Puisque monsieur Le Feu vient de nous expliquer que son projet consistait à appliquer le même taux à tous les articles, j'en déduis/j'en conclus que cela concerne également les produits de luxe.*

In this way summarizing serves not only to ensure that everything is clear, but also to make participants responsible for what they are saying, or to show that they are contradicting themselves or one another. The chair must be clear and react quickly to make participants aware of the logic behind his or her reasoning. It also implies that he or she has listened very carefully to all the participants; speaking is one thing, listening another: both are difficult tasks. Some participants are too concerned by what they are going to say next and are not attentive enough to what others are saying.

Cette façon de procéder a l'avantage non seulement d'assurer une bonne compréhension mais aussi de mettre les différents participants devant leurs responsabilités ou leurs contradictions. Le président de séance doit être clair et réagir très vite pour sensibiliser tous les participants à la logique de son raisonnement. Il ou elle doit également avoir écouté avec attention tous les participants. Savoir parler est une chose, savoir écouter en est une autre. Les deux sont difficiles. Certains participants sont préoccupés par ce qu'ils vont dire dans la réunion et prêtent une oreille trop distraite aux autres interventions.

Chapter 7

How to react
with different participants

In nearly all meetings you find the same type of participants. Some speak too much, some do not speak and others do not take things seriously enough. There are optimists, pessimists, quibblers and the unpredictable. The list is endless. We shall analyse typical forms of behaviour and consider what the chair can do to make the meeting as effective as possible. As we have already seen, the chair has to restrict attendance to those whose presence is really necessary in order to get the best results from a meeting. This implies that each person has a role to play and it is up to the chair to ensure that each participant plays his part correctly. Some may only be present as observers to report back on the proceedings afterwards. In this case, the chair only has to clear up any ambiguity as we saw in the previous chapter. It is obviously another matter when dealing with participants who are required to express an opinion.

Comment agir
avec les différents participants

Dans presque toutes les réunions on retrouve le même type de participants. Il y a ceux qui parlent trop, ceux qui ne parlent pas, ceux qui manquent de sérieux. Il y a les optimistes, les pessimistes, les pointilleux, les versatiles. La liste pourrait s'allonger. Nous allons essayer d'analyser les principaux comportements et de voir par quelles phrases on peut inciter le groupe à travailler efficacement. Nous avons vu à plusieurs reprises que, pour tirer le meilleur parti d'une réunion, il fallait n'inviter que les participants dont la présence était indispensable. Ce qui revient à dire que chacun dans la réunion aura un rôle à jouer. C'est au président de séance de s'assurer que ce rôle est correctement joué. Il se peut que certains participants n'aient été invités qu'en tant qu'observateurs pour rendre compte du déroulement de la séance par la suite. Dans ce cas, il faudra s'assurer qu'aucun malentendu ne subsiste en éliminant les risques de confusion comme nous l'avons vu dans le chapitre précédent. Le problème est différent avec les participants qui doivent s'exprimer.

The most feared and, alas, the most frequently encountered speaker is the talkative type. He wastes time, disrupts the pace of the work and sometimes demotivates others. There are as many different types of long-winded speakers as there are ways of dealing with them. With those who easily get carried away by the subject, you can share their enthusiasm before putting a stop to their explanations:

- *I fully understand your enthusiasm/your interest/why you are so passionate about this, but I'll have to ask you to stop there.*

- *Although I'm interested/I'm most interested in what you are saying, I'll have to interrupt you there.*

With people who like the sound of their own voice, you may wish to congratulate them on their style or their command of the subject:

- *We highly value your contribution here/your excellent contribution, but unfortunately time is short and we have not heard the other participants.*

- *Time is running short.*

In the case of people who stray from the subject or who move on to a new topic, you can use the expressions on page 203, or you can politely call them to order:

- *This subject is not on the agenda.*

- *We are getting sidetracked/we are straying from our subject.*

- *That's not the problem we're discussing today. We had better stick to the items on the agenda.*

If a speaker is long-winded because he's giving too detailed an answer, it is best to point this out immediately:

- *A global view is enough.*

- *I'm simply asking this question on a point of information. There is no need to go into the details at present.*

In informal meetings, outspokenness may be more appropriate than courtesy:

- *That's got nothing to do with it.*

- *That's beside the point.*

The situation is quite the opposite with participants who never take the floor. Once again silence can reflect different attitudes or forms of behaviour. When dealing with a shy person, you will need to address him personally:

L'intervenant le plus redouté et malheureusement le plus fréquent est *celui qui parle trop*. Il fait perdre du temps, rompt le rythme du travail et parfois démobilise. Il existe différents types de bavards et à chacun s'applique « une thérapie » propre. On peut partager l'enthousiasme de celui qui se laisse emporter par un sujet qui le passionne, avant de mettre un terme à ses explications :

● *Je comprends votre enthousiasme/votre intérêt/votre passion, mais je suis obligé de vous demander de terminer votre intervention.*

● *Malgré l'intérêt/le grand intérêt que je porte à cette affaire, je suis obligé de vous interrompre.*

Celui qui s'écoute parler et qui aime surtout le son de sa voix, on le félicite pour son style et son aisance :

● *Nous apprécions votre intervention/la qualité de votre intervention mais malheureusement le temps presse et nous n'avons pas encore entendu tous les participants.*

● *Nous sommes limités par le temps.*

A celui qui s'éloigne du point traité ou qui passe à un autre sujet, on peut reprendre les phrases proposées page 204, on lancer un rappel à l'ordre curtois :

● *Ce sujet n'est pas prévu à l'ordre du jour.*

● *Je crois que nous nous éloignons/écartons du sujet.*

● *Ce n'est pas le problème aujourd'hui. Mieux vaut nous limiter à ce qui est prévu à l'ordre du jour.*

Si la longueur vient d'une abondance de détails, on peut le signaler rapidement :

● *Une réponse globale me suffit.*

● *Je vous pose cette question à titre d'information, il est inutile d'entrer dans les détails.*

Dans les réunions informelles, la courtoisie disparaîtra au profit de la franchise :

● *Ça n'a rien à voir.*

● *On est à côté du sujet.*

On se heurte à une situation inverse avec celui qui ne prend jamais la parole. Là encore, son silence correspond à des attitudes ou des comportements différents. S'il agit par timidité, c'est lui qu'il faudra mettre en avant :

- *I would be very pleased to hear Mrs. Y's view on this particular point.*

- *Your advice would be very useful/valuable.*

- *Mr. Tombe, in view of your experience in this area, your opinion is important, not to say essential here.*

If a participant is silent because he is indifferent, you will need to show how the point under discussion is relevant to his job responsibilities or the department he represents:

- *Before committing ourselves, we need the opinion of the Finance Department.*

- *The question of profit-sharing schemes has always been of central importance in our discussions/has always been a central concern. Wouldn't you agree, Mr. F?*

Some meetings may lose the courteous atmosphere we have tried to maintain since the beginning of this book. You may have to face irate, bad-tempered or even impolite participants. The chair may begin by showing some understanding:

- *Mr. F, I understand your disappointment/your anger/your dissatisfaction/your regret, etc.,*

before putting things back on course:

- *but we have to keep calm,*
- *but we have to settle this matter.*

He can show his surprise or even dismay in some cases:

- *Mr. X, I'm surprised to see you lose your usual self-control/ your sense of proportion.*

- *We are making a mountain out of a molehill.*

- *There's no point in getting upset/uptight about it (very informal).*

He can also appeal to common sense and reason by identifying with the group:

- *We won't get anywhere like this.*

Another type of participant whose behaviour can sour the atmosphere is the pessimist. If allowed to speak at length, he can also demotivate the group. You must try to show that his view is disproportionate to the situation and attempt to reassure him:

● *J'aimerais beaucoup connaître l'opinion de Madame Y sur ce point précis.*

● *Votre opinion nous sera très utile/précieuse.*

● *Monsieur Tombe, étant donné vos compétences dans ce domaine, votre avis est important, voire capital.*

S'il agit par indifférence, c'est son travail ou le service qu'il représente qu'il faudra mettre en avant :

● *Avant de nous engager, il faut connaître l'avis du service financier.*

● *Le problème de l'intéressement aux bénéfices a toujours été au centre de nos discussions/préoccupations. N'est-ce pas Monsieur F ?*

Certaines réunions perdent parfois le caractère « courtois » que nous essayons de préserver depuis le début de ce livre et il faut parfois faire face à des gens irascibles, coléreux, grossiers même. Le président de séance commence d'abord par montrer une certaine compréhension :

● *Monsieur F, je comprends votre déception/votre colère/votre mécontentement/vos regrets, etc.,*

avant de remettre un peu d'ordre :

● *mais nous devons garder notre calme,*

● *mais nous devons régler cette affaire.*

Il peut se montrer surpris, si ce n'est choqué, du comportement de certains :

● *Monsieur X, je suis surpris de vous voir perdre votre calme habituel/votre sens de la mesure.*

● *Cette affaire prend des proportions injustifiées.*

● *Il ne faut pas se mettre dans des états pareils (informel).*

Il peut également faire appel au bon sens et à la sagesse en s'associant au groupe :

● *Nous n'arriverons à rien dans ces conditions.*

Une autre catégorie de participants dont le comportement risque de détériorer le climat est celle des *pessimistes*. En effet, si on leur laisse la parole trop longtemps ils risquent de démobiliser les autres participants. Il faut essayer de montrer le caractère excessif de leur jugement et tenter de rassurer :

- *I feel your view of the situation is rather bleak.*
- *The situation is not as dire as that.*
- *Your concern is not justified.*
- *There is no point in getting worried about it.*
- *It's too early to worry about it. We have taken/we are going to take the necessary steps.*

Things are easier if you know the participants. You can use a touch of humour or make your point seriously:

- *We all know Mr. Lapluie is not renowned for his optimism.*

- *I know we can count on Mr. V to urge us to be cautious.*

- *We are grateful to Mr. Prullent for pointing out the risks and the disadvantages of the situation.*

You can also explain the reasons for the pessimistic attitude:

- *We shouldn't allow ourselves to be swayed by Mr. G. He had some serious difficulties with the "No" company ten years ago. But I assure you that things have changed a lot since then.*

- *Mr. G dealt with the "interpub" affair and he doesn't have happy memories of that at all.*

Optimists are easier people to get on with, but can also cause problems. You must sometimes temper their enthusiasm:

- *You have an optimistic view. Who can say if the project will be well-received?*
- *I think we shouldn't get carried away. (informal)*
- *Gentlemen, I don't think we should jump to conclusions. The situation was favourable and nothing proves that we'll have a repeat performance of last month's outstanding results.*

- *Let's keep cool (informal)/let's keep our feet on the ground. (informal)*

Quibblers with their attention to detail often ruin the effectiveness of a meeting. You must intervene if you feel the risk is there:

- *Je crois que c'est une vision un peu noire des choses.*
- *La situation n'est pas aussi dramatique que cela.*
- *Rien ne justifie cette inquiétude.*
- *Il n'y a pas lieu de s'inquiéter.*
- *Il est inutile/prématuré de s'alarmer. Nous avons pris/nous allons prendre les mesures nécessaires.*

Si on connaît déjà les participants, ce sera plus facile. On peut le faire remarquer avec humour ou avec sérieux :

- *Tout le monde sait que Monsieur Lapluie ne brille pas par son optimisme.*
- *Je sais que nous pouvons compter sur Monsieur V pour nous inciter à être prudent.*
- *Nous sommes reconnaissants à Monsieur Prullent de nous montrer tous les risques/tous les inconvénients de cette situation.*

On peut également expliquer les raisons de ce pessimisme :

- *Il ne faut pas trop se laisser influencer par Monsieur G. Il a eu de graves problèmes avec la société « No » il y a dix ans. Mais je tiens à le rassurer, les choses ont beaucoup changé/évolué depuis.*
- *Monsieur G s'est occupé de l'affaire « interpub » et il en a gardé un bien mauvais souvenir.*

Les optimistes, s'ils sont d'un naturel plus agréable, n'en sont pas moins gênants. Il faut parfois pondérer leur enthousiasme :

- *Votre vision est optimiste. Qui nous dit, en effet, que ce projet sera bien accueilli ?*
- *Je crois qu'il ne faut pas s'emballer.* (informel)
- *Messieurs, il me semble imprudent d'en tirer des conséquences trop hâtives. La conjoncture nous était favorable et rien ne prouve que les excellents résultats enregistrés le mois dernier se renouvelleront.*
- *Gardons la tête froide/les pieds sur terre.* (informel)

Les pointilleux, par leur souci du détail, ruinent parfois l'efficacité d'une réunion. Il faut intervenir si le danger se fait sentir :

● *We'll settle the details later/in due course.*

● *I think we should stand back and try to have an overall view of things.*

The ideal solution would be to give the quibbler the task of re-reading or revising the minutes when you would like the meeting to be scrupulously recorded. On the other hand, in an informal meeting where no important decisions have to be taken, the quibbler must be avoided. He will make you lose more time than he can save.

Another type of participant who is encountered less frequently but can be dangerous is the person who makes jokes all the time. He can be useful for relaxing the atmosphere (on condition that the laugh is not at someone else's expense). The danger is that they detract from the seriousness of the meeting and waste time.

If the humour is useful, you can react in a positive way :

● *I'm very grateful to you for livening up our meetings.*

● *This meeting would be really dull without Mr. Leroi's witty remarks.*

If not be negative :

● *Gentlemen, could I ask you to take this seriously ? The situation is grave/important/of the utmost importance.*

● *These jokes are out of place. (more direct)*

● *It's no time for joking/This is no laughing matter (direct and informal), we have to take a decision by this evening.*

● *Nous réglerons les détails plus tard/le moment venu.*

● *Je crois qu'il faut prendre un peu de distance et voir les choses dans leur ensemble.*

La solution idéale serait de confier certaines tâches comme la relecture ou la révision du compte-rendu au pointilleux lorsqu'on veut la plus grande conformité entre la réunion et le compte-rendu qu'on en fera. A l'inverse, dans le cas d'une réunion informelle et sans prise de décision importante, le pointilleux est à neutraliser : il ferait perdre plus de temps, qu'il n'en ferait gagner.

Une catégorie peu fréquente, intéressante mais parfois dangereuse est celle de *ceux qui plaisantent tout le temps*. Ils sont utiles dans la mesure où ils créent un climat détendu (à condition que leur humour ne se fasse pas au détriment de l'un des participants). Ils sont dangereux parce qu'ils ne donnent pas une image de sérieux et font perdre du temps.

En fonction des conséquences, on intervient positivement :

● *Je vous suis reconnaissant d'égayer notre réunion.*

● *Cette réunion serait bien terne sans les remarques plaisantes de Monsieur Leroi.*

ou au contraire négativement :

● *Messieurs, je vous demande un peu de sérieux. Le problème est sérieux/important/de la plus haute importance.*

● *Cet humour n'est guère de circonstance.* (plus direct)

● *Ce n'est pas le moment de plaisanter* (direct et informel), *nous devons prendre une décision avant ce soir.*

Chapter 8

Conclusion and follow up

The advantages of a good meeting can be lost if the conclusion is weak. People should go away with the impression that collectively they have accomplished something. Each individual must feel that his own contribution has counted. Participants will then be satisfied with the way the meeting has gone.

As people tend to remember the end better than the middle, aim to finish off the meeting on a positive note.

If you allow the meeting to go on too long, this will limit its effectiveness. The chair must have a feeling for the right moment to end the meeting, when further discussion would only detract from what has been accomplished. Ideally, this should be at the time stated by you in your opening remarks or in the agenda:

● *I think it's time to conclude.*

● *We seem to have covered everything, so (with your permission) I'd like to go over the main points.*

● *Right. I'll just quickly summarize what we've said...*

● *It's almost time to stop, so I'll just review what has been agreed.*

Conclusion et suivi

Les avantages d'une réunion bien menée peuvent être perdus si la conclusion est faible. Les participants doivent se quitter en ayant l'impression d'avoir accompli quelque chose ensemble. Chaque individu doit sentir que sa contribution a compté. Chaque participant sera alors satisfait de la façon dont la réunion s'est déroulée.

Comme on a tendance à mieux se souvenir de la fin que du milieu, essayez de terminer la réunion sur une note positive.

Si vous laissez la réunion durer trop longtemps, l'efficacité s'en trouvera diminuée. Le président doit savoir clore la réunion au bon moment, quand toute discussion supplémentaire ne pourrait qu'affaiblir le résultat obtenu. L'idéal serait le moment que vous avez fixé dans vos remarques préliminaires ou dans l'ordre du jour :

- *Je pense que c'est le moment de conclure.*

- *Il me semble que nous avons couvert tous les points, aussi (avec votre permission) j'aimerais revoir les points principaux.*

- *Bien, je vais juste résumer très rapidement ce que nous avons dit.*

- *C'est pratiquement le moment de s'arrêter, aussi vais-je juste revoir les points d'accord.*

SUMMARIZING WHAT HAS BEEN ACHIEVED

In addition to interim summaries during the meeting, a
longer summary must be made at the close of the meeting
setting out decisions or what has been accomplished. This
should obviously relate closely to what you have stated as the
goals in your introductory statement:

- *We have reached agreement on...*
- *The general feeling is that...*
- *Most people feel that...*
- *The proposal met with the approval of most delegates.*

- *The project has been unanimously approved.*
- *There seems to be a clear consensus on the procedure/the best choice.*

If no decision has been taken, any progress made should
be highlighted:

- *We have a much clearer view of the situation/the problems we have to solve/the relative advantages/the disadvantages of the different choices/the concerns of each department/side.*
- *We've had a very frank exchange of views, and I feel this will take the debate forward.*
- *Although we haven't been able to make a final decision today, a lot of progress has been made on the key-issue of...*

It is best to minimize unresolved points:

- *The only outstanding points are...*
- *The only points we have not settled are minor ones which can be dealt with fairly quickly.*
- *We have dealt with the most important issues this morning.*

RÉSUMÉ DES RÉSULTATS

En plus des résumés intermédiaires, il faut faire un résumé plus long à la fin de la réunion pour récapituler les décisions prises ou les résultats obtenus. Il va de soi que cela devra être très proche des objectifs fixés dans votre introduction :

- *Nous sommes parvenus à un accord sur...*
- *L'impression générale est que...*
- *Beaucoup pensent que...*
- *La proposition a remporté l'approbation de la plupart des délégués.*
- *Le projet a été unanimement approuvé.*
- *Il semble y avoir un consensus évident sur la procédure/ sur le meilleur choix.*

Si aucune décision n'a été prise, il faut mettre en valeur le moindre progrès :

- *Nous avons une vue plus claire de la situation/des problèmes à résoudre/des avantages et des désavantages relatifs des différents choix/des intérêts de chaque service/de chaque partie.*
- *Nous avons eu un échange de vue très franc et cela nous a permis de faire avancer le débat.*
- *Bien que nous n'ayons pas réussi à prendre une décision définitive aujourd'hui, beaucoup de progrès ont été faits sur la question-clé de...*

Il est bon de minimiser les points non réglés :

- *Les seuls points en suspens sont...*
- *Les seuls points qui n'ont pas été réglés sont mineurs et ils le seront très prochainement.*
- *Nous avons traité les questions les plus importantes ce matin.*

REVIEWING TASKS/ACTIONS TO BE UNDERTAKEN

List the tasks to be carried out, clearly defining what is to be done, naming the department or person responsible for each one :

- *So the Purchasing Department will give us an estimate of the total cost.*
- *John will take care of the legal aspects.*
- *Roger has agreed to investigate the cost of installing a new system/prepare a report/a handout/draw up guidelines/draft the letter/draw up the contract.*
- *Mr. Sanderson offered to look into the cost of employing a consultant to do the job for us.*

THANKS

Having concentrated on the factual results, the chair should not forget to pay tribute to the participants. This is not simply because the chairperson is the host, but he or she also has to motivate people to carry out the tasks which come out of the meeting :

- *Thank you. I think we should all feel pleased with what we've achieved in such a short time.*
- *Thank you all for your very constructive comments/contributions. We are certainly making a lot of progress on this project/in this programme.*
- *Thank you, ladies and gentlemen. The information you have given us will be most helpful. I will keep you informed of any further developments/if a decision is taken.*
- *We are most grateful for the sound advice you have given.*

- *I have been most impressed by the high standard of the contributions and the good-humoured way the meeting/workshop/congress/conference has gone (at the end of a conference).*

PASSER EN REVUE LE TRAVAIL A FAIRE

Enumérer de façon claire et précise les tâches à effectuer, nommer les services ou la personne responsable pour chacune d'elle :

● *Donc, le service des achats nous communiquera une estimation du coût global.*

● *Jean s'occupera de l'aspect juridique.*

● *Roger est d'accord pour se renseigner sur les coûts d'un nouveau système/préparer un rapport/une brochure/rédiger les directives/préparer la lettre/rédiger le contrat.*

● *M. Sanderson a offert d'étudier ce que nous coûterait un consultant pour faire ce travail.*

REMERCIEMENTS

Après avoir récapitulé les résultats concrets, le président ne doit pas oublier de rendre hommage aux participants. Et ceci pas uniquement en tant qu'hôte, mais il doit motiver ceux qui devront effectuer le travail qui découle de la réunion :

● *Merci. Je crois que nous pouvons être contents de ce qui a été fait en si peu de temps.*

● *Merci à tous pour vos commentaires constructifs/vos contributions constructives. Nous avons fait beaucoup de progrès sur ce projet/sur ce programme.*

● *Je vous remercie, Mesdames et Messieurs. Les informations que vous nous avez fournies nous seront très utiles. Je vous tiendrai au courant des développements ultérieurs/si une décision est prise.*

● *Nous vous sommes très reconnaissants pour les conseils éclairés que vous nous avez donnés.*

● *J'ai été très frappé par la qualité des contributions et l'atmosphère plaisante dans laquelle cette réunion/cet atelier/cette conférence s'est déroulé(e).*

FOLLOW UP

The duties of the chairperson extend beyond the meeting itself. Interested parties and those who have contributed to the organisation of the meeting should be informed of the outcome. Finally the chair must ensure that actions decided upon are correctly carried out. Only then is it possible to determine whether a meeting has been a success.

SUIVI

Les devoirs du président dépassent le cadre de la réunion. Les parties intéressées et ceux qui ont contribué à l'organisation doivent être informés du résultat. Enfin, le président doit veiller à ce que les décisions soient correctement appliquées. C'est alors, et alors seulement, que l'on pourra dire si une réunion a abouti.

Test

1) You must .... an agenda to suit your purpose.
2) Ensure that the ordering of ..... is logical and well-balanced.
3) Before .... the meeting, you should arrange the best possible venue.
4) When setting a time and date, check that key participants are able to ....
5) Ensure that all members will receive the documents well in .... of the meeting.
6) In addition to this, you may need to have .... contacts with certain individuals.
7) You may even have to organize a .... meeting.

8) You may have a choice of ways to reach agreement, namely consensus, majority....., secret ...... or show of ......
9) Decide whether it is appropriate to prepare a .... of welcome.
10) It may be your duty as chairperson to prepare an .... statement.

ANSWERS

1) draw up 2) items 3) convening 4) attend 5) advance 6) preliminary 7) preparatory 8) rule, ballot, hands 9) speech 10) introductory.

Test

1) Je pense qu'on est sur la ....
2) Nous pouvons faire un vote à ....

3) Les indications que vous nous avez .... seront très utiles.
4) M. Leroy est trop modeste. Il a à .... plusieurs années d'expérience dans ce domaine.
5) Cette présentation est-elle .... à votre vision de la situation ?
6) Je crois qu'il est inutile de .... sur ce sujet.

7) Etant donné vos compétences, votre avis sera important, ... capital.
8) Cette affaire prend des proportions ....

9) Je vous tiendrai .... des développements ultérieurs.

10) J'ai été .... par la qualité des interventions.

CORRIGÉ

1) bonne voie 2) main levée 3) fournies 4) son actif 5) conforme 6) s'étendre 7) voire 8) injustifiées 9) au courant 10) frappé.